大学生沟通技巧丛书

U0616288

陪你徜徉在暖暖的校园

——老师和学生一起奋斗的大学生活

苗苗 温宁 著

西南交通大学出版社

·成 都·

图书在版编目（ＣＩＰ）数据

陪你徜徉在暖暖的校园：老师和学生一起奋斗的大学生活 / 苗苗，温宁著. —成都：西南交通大学出版社，2018.1

ISBN 978-7-5643-5537-1

Ⅰ.①陪… Ⅱ.①苗… ②温… Ⅲ.①大学生－学生生活－通俗读物 Ⅳ.①G645.5-49

中国版本图书馆 CIP 数据核字（2017）第 150541 号

陪你徜徉在暖暖的校园

——老师和学生一起奋斗的大学生活

苗苗　温宁　著

责任编辑	祁素玲
特邀编辑	王双叶
封面设计	金荣皓
封面制作	原谋书装

出版发行	西南交通大学出版社
	（四川省成都市金牛区二环路北一段 111 号
	西南交通大学创新大厦 21 楼）
邮政编码	610031
发行部电话	028-87600564　　　87600533
官网	http://www.xnjdcbs.com
印刷	四川煤田地质制图印刷厂

成品尺寸	170 mm×230 mm
印张	12　　插页：24
字数	224 千
版次	2018 年 1 月第 1 版
印次	2018 年 1 月第 1 次
定价	78.00 元
书号	ISBN 978-7-5643-5537-1

　　我一直很想和我的孩子们分享我和他们第一次见面时的心情。大学四年里，我们相处的时间很多，却一直也没有什么合适的时机来说起这些感受，偶尔和一些孩子们提起也是简单的只言片语，直到他们离开，我也没有将这些话完整地和他们说过。也许他们并不知道，当时的我怀着甚至比他们还更加复杂的心情。

我们的时光机

　　真的无法想象，我们已经一起走过了四年的时光，而如今我即将目送你们离开大学这台"时光机"，心中纵然有着无限的不舍，但也最终化成一句美好的祝愿——愿我所有的孩子每天都沐浴在灿烂的阳光下，用最阳光的心态去迎接每一天的朝霞。

2017年3月11日
摄于西南交大一号教学楼

人生若只如初见

2017年3月11日

摄于西南交大校史馆

　　如今，你们这群让我注视了四年、相处了四年的孩子就要踏上未来的征程，我相信你们每个人的实力，四年大学的历练，四年的付出与汗水，四年的吸收与提升，已然让大家对于前程无所畏惧。我只希望，再相聚的时候，能听到你们对我说："老师，这些年我过得很好，很快乐，也很幸福！"这便足矣。

2017年3月11日
摄于西南交大校史馆

白驹过隙 忽然而已

2017年3月11日 摄于西南交大南校门

岁月无语,青春有言

　　天上的白云形态各异，变化多端，却唯有那一道斜斜的飞机痕迹格外抢眼。那痕迹由近及远，由深变浅，一如和你们共同度过的时光在渐行渐远。我的天空因为你们的痕迹而格外明朗，四年的时光也因为你们而格外美丽。

毕业季

开学那天，我们在迎新点第一次遇见，四目相对、微笑、握手，只一眼便惊艳了我的时光，温柔了我的岁月。那种感觉，就像两个流落失散的亲人，终于在岁月中遇见。

我们的时光

　　提笔的那一刻，真的有太多的过往都历历在目，不论是我们放飞梦想一起宣誓的成人礼，还是共同度过的暑期实习那段炎炎夏日；不论是你们对未来方向的迷失，还是那坚持自我的坚毅目光，一阵阵不舍与欣慰混杂的情绪涌上心头，让我不知从何讲起。剪不断，理还乱，大约说的就是这些纷繁复杂的情感。

时光不老，我们不散

　　毕业了，我也即将离开美丽的成都。只有即将离开的时候才会感觉到它的好，一首《成都》曾经听来毫无韵味，如今听来却让人泪眼汪汪。一个城市、一个班级、一段时光，当初不愿意来，现在舍不得走，这大概就是毕业的感觉了吧。

青春的 硕果

大学就像是一座神秘的花园，落英缤纷，五光十色，沿着大路观光的时候还会遇到很多的岔路，选择你喜欢的岔路就会发现流水、绿树、白塔、喷泉等等不同的景致。这些都是大家应该去探索的更广阔的天地。

就如同那句老话说的，"是金子总会发光"，一个真正优秀的人总会找到能够让自己发光发热的舞台。将目光放长远一些、宽广一些，走捷径的人或许会在一段时间里走得比你远，但是随着时间的推移、知识的积累，你的路会越来越顺，而他的路却会越来越难。学会将这些事情看开点，不仅仅是一种眼界，更是一种胸怀。

最美的风景

水上
图书馆一直是交大
最美的一道风景，而我最
爱的却是图书馆那条长长的
实木回廊。我还想再走一次那
回廊，数一数回廊上到底有
多少根木头。

青春不毕业

大学四年如白驹过隙，忽然而已。纵然时光飞逝，但"时光机"依旧以其平稳的步伐，在青春的年轮里"滴答、滴答"缓缓旋转，一如从前。

13

电商

如果将「谁的时光机」看作一张色谱，那么我希望每一个孩子都是组成这一张色谱的一块拼图，独一无二，却又缺一不可。

毕业啦

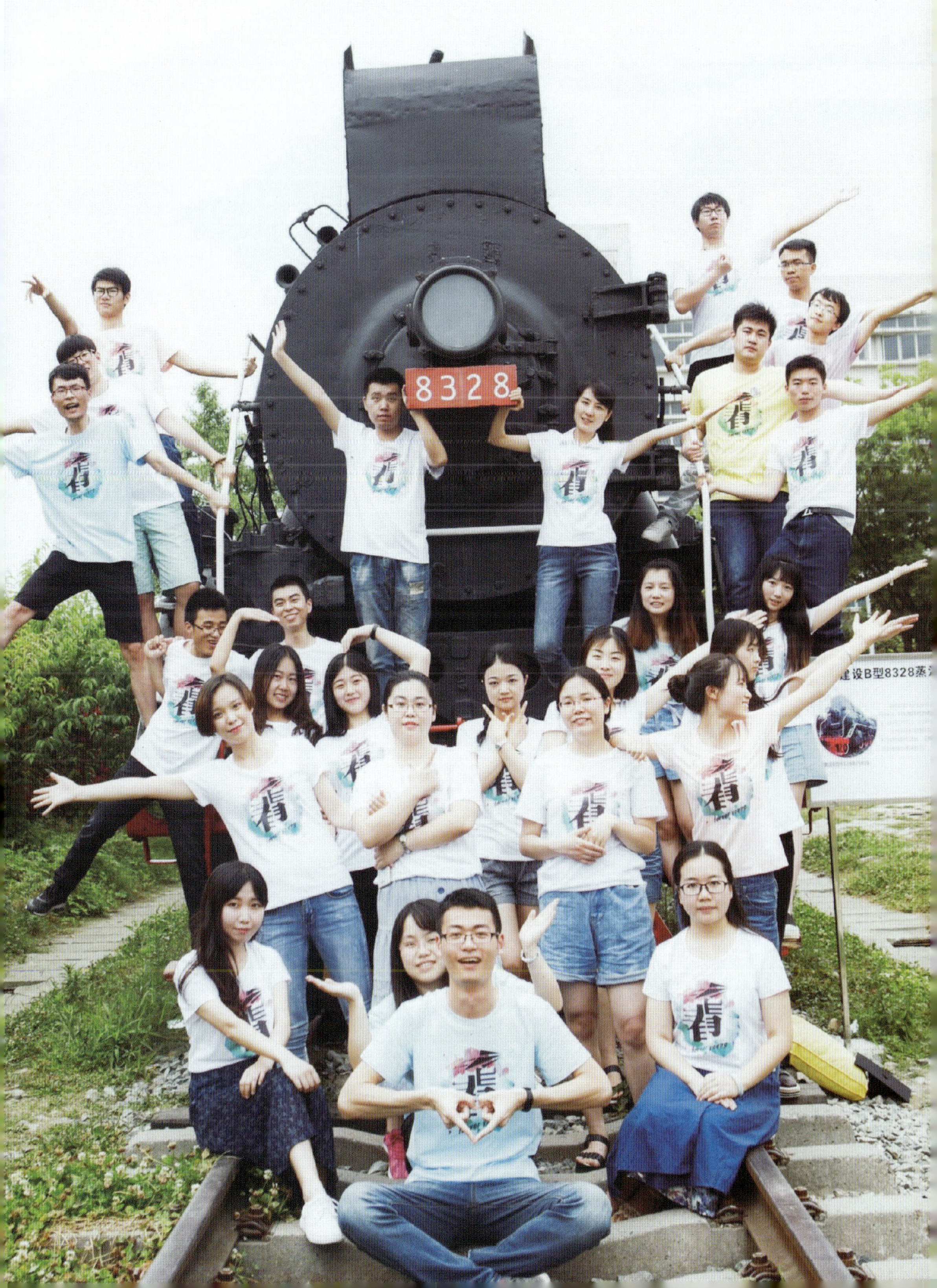
8328
建设B型8328蒸

青春

是一场远行，回不去了。青春是一场相逢，忘不掉了。但青春却留给我们最宝贵的友情。友情其实很简单，只要那么一声简短的问候、一句轻轻的谅解、一份淡淡的惦记，就足矣。当我们在毕业季痛哭流涕地说出再见之后，请不要让再见成了再也不见。

恰同学少年

如果不曾遇见你们，我的生活必然如同一潭深水，虽是平静不见波澜，但是未免过于单调，在讲台与桌案之间辗转，时光流逝却如飞鸟飞过，不留痕迹；遇见你们则是往深潭中掷下了一块大石头，平静不见，涟漪点点，水声清脆，色彩斑斓，在你们与工作之间流连，时光依旧流逝却如同飞机从云层中穿过，在蓝天上留下长长的痕迹。

岁月如歌，我们一起走过

　　牵手是偶然中的必然，而相遇更是最最美丽的意外。老师总是说遇见我们何等的幸运，而老师却不曾知道，在我们心目中，当年的初见就是一个美丽意外开始的序幕。

我们曾经疯狂

　　四年的时光，说长不长，说短不短。纳兰容若的一首《采桑子》曾经这样写道："此情已自成追忆，零落鸳鸯。雨斜微凉，十一年前梦一场。"对我来说，与孩子们的感情虽然还没十一年这么久，但是四年的感情，也是值得我追忆成梦。

我们曾经张扬

　　英国诗人西格夫里·萨松在《于我，过去，现在及未来》中说："In me the tiger sniffs the rose."诗人余光中将它翻译为：心有猛虎，细嗅蔷薇。寓意：既拥有忙碌而远大的雄心，也会感受生命中细节的美好。希望我的孩子们也能拥有如此的心境，无论是在人生的巅峰还是低谷，都能静下心来感受生命中的一点一滴。

　　如果将"谁的时光机"依旧看作一张色谱，那么每一个孩子肯定都是其中的一抹亮色，光彩艳丽，独一无二。但是，一个人仅仅拥有个体的独立性，是单一而片面的，与大家在一起的融合与转化才是完整而绚丽的。

2013—2017

18岁的青春，应该是怎样的颜色？或火红，用旺盛的生命力点燃梦想的激情；或翠绿，用温柔的态度去证明生命的明媚；或深蓝，用沉稳的心境去创造美丽的未来……

那年

2013

THE BEST E-COMMERCE CLASS

　　二十岁的孩子们正值花样年华，年少轻狂是他们最贴切的形容词。就如歌中所唱："再不疯狂我们都老了，没有回忆怎么祭奠呢，还有什么永垂不朽呢，错过的你都不会再有。"

我们给你的爱是青色的

如果说爱也分颜色，那么我们给苗老师的那一份爱，一定是青色的。爱之颜色，红色，过于热烈；粉色，太过轻浮；柳色，太容易牵扯出离别之殇；而墨色，又稍显沉闷；唯有青色，优雅高贵，清新可喜，正如我们对您拳拳的爱。

　　成长本就是孤独的，特别是当你的目标和朋友们都不太一样的时候。你需要一个人上路，一个人去坚持，一个人去拼搏，就像是一段艰苦的旅程，你不能只是当心脚下的陷阱，更要享受路边的花香。

当我第一次读到苗苗老师的新书《陪你徜徉在暖暖的校园》时，书中同学们的成长故事就紧紧地揪住了我的心。通读全书，同学们不论是在生活中的成长，还是在学业上的进步，都令我欢喜不已，仿佛连我自己也置身其中。

一一翻过彩页，映入眼帘的皆是同学们如花的笑靥，2013级电子商务班的同学们用一个个温暖的笑容，诠释了精彩的大学时光，而苗苗老师也用温情细腻的文字，记录了大学四年以来与同学们从相识到相知、从陌生到熟悉、从课堂到生活、从中规中矩的师生关系到体贴入微的知心朋友的心路历程。

书中，师生之间相互尊重、相互关爱的美好关系展露无遗，这让我一个早已脱离了学校、进入社会的人感慨不已。在中国的历史上，早就有重视培养和建立良好师生关系的传统。比如春秋时期，孔丘同他弟子的关系就是古代师生关系的楷模——孔子热爱学生，循循善诱，诲人不倦；学生对孔子尊重景仰，亲密无间。

古人传统的良好师生关系让人羡慕，随着时代的发展，传统的师生关系已经逐渐改变。我虽然不曾感受过大学的生活，但多年以来，我一直保持着资助贫困大学生完成大学阶段学习的惯例，在与这些孩子们的沟通交流之中，我常常能够听到他们对于老师的一些"抱怨"之语，有的说大学老师上课则来下课即走，对学生的责任仅仅是讲完十几堂课；有的则说老师只关注学生能不能帮他搞科研、发论文，对学生个人的发展却漠不关心；还有的说老师太偏心，对一些学生非常重视却又对另一些学生视而不见。但无论学生们对老师有何抱怨，归咎起来就是一句话——学生们渴望得到老师的关注、关心和关爱，他们希望与老师建立起一种良好的师生关系，能够相互关爱、相互尊重。

书中，苗苗老师与同学们亦师亦友的良好关系堪称当代师生关系的典范，有礼有节，张弛有度，不会过于亲密失了老师的威信，也不会过于刻板没了朋友的情谊。轻松时，能够像家人和朋友一样相处，一起闲话家常，一起畅聊谈天；严肃时，也能像传统师生一样，严谨对待学术，认真处理工作，虚心接受教导。

除了苗苗老师与学生们的师生关系让我印象深刻之外，书中最让我深受感染的是同学们积极进取、努力向上的精神面貌。

首先，大学是一个人树立人生观的关键时期。大学相对于高中，更是一个五彩斑斓的世界，既充满着各色的诱惑，也时刻与优秀之人同行。作为同学们走向社会前的适应阶段，在大学里所传授的不仅是知识，更是学习的方法，那么怎样合理利用这人生中宝贵的四年，使自己成为一个"有意思"和"有意义"的人呢？在这本书里，我找到了满意的答案。

我在书中看到了同学们初进大学时的彷徨，第一次接触到与高中完全不同的学习环境的不知所措，但令人欣慰的是，我也在书中看到了同学们不断接触新鲜的事物、不断探索未知世界来充实自我。同学们积极主动的探索加上苗苗老师的悉心指导，他们渐渐走出最初的迷茫，并做出适合自己的选择。大四毕业，同学们或出国深造，或继续研修，或步入职场，或进入编制，尽管在这个过程中存在诸多坎坷，但都被同学们逐一克服。

其次，"大学之道，在明明德。"大学虽是知识的海洋，但我也非常希望同学们在收获专业知识的同时，更能拥有一个清晰的头脑和一颗热情的强心脏——对待生活能够充满憧憬与热忱，对待学术能够坚定严谨与求知，对待困难能够学会坚韧与顽强。

在阅读这本书时，让我感触颇深的就是苗苗老师对于同学们品德方面的关注，"从来不加称呼的对话""诚信也需要胸怀""学会尊重别人"等数不清的章节都体现了苗苗老师在与学生的相处中，时刻关心着同学们才与德的共同发展。

西南交通大学是一所历史悠久的学校，淳朴的校风与严谨的学风深深印刻在每一位交大人的身上，也体现在书中如星辰般闪耀着的27位同学身上。同学们的烦恼、专注、困惑与坚毅，都如同画卷一样展现在所有人的眼前，呼之欲出，栩栩如生，而这本书就是承载着同学们四年时光的完美画卷，不仅记录下了四年的点点滴滴，更是记录下同学们最美的年华。我也由衷地祝福苗苗老师与2013级全体同学在之后的时光中，能够通过四年中的收获，将自己的人生活出更多新的精彩!

四川缘满集团董事长　李鑫春

2017年8月24日

致谢

我是在 2015 年初春开始撰写这本书的，而它完成的时候是在 2017 年盛夏。如今本书即将出版，令我感触良多的不仅仅是这一项工作的终结，更为重要的是在完成这项工作的过程中我所感受到的一切。

首先，我要感谢四川缘满集团以及集团董事长李鑫春先生对教育事业的大力支持。正是有了他们的帮助与支持，本书才得以与大家见面。除此之外，我也非常感激李鑫春先生对我的信任，让我能够专心致志将自己在教育工作中的感悟以书籍的方式向大家分享。

其次，我要对参与本书编辑工作的西南交通大学出版社郭发仔老师和祁素玲老师表示由衷的感谢，在本书最后的修改过程中，每一次的修改他们都给了我莫大的帮助。我原本以为写作是一种孤独的追求，但是两位编辑却让写作成为我们共同的事业，他们的见解和智慧都使我受益匪浅。

然后，我要感谢本书的主角——西南交通大学 2013 级电子商务班的全体同学。正是因为你们每一个人独一无二的精彩，让我与你们一起经历的四年时光变得如此难忘，并且最终形成这样一本内容丰富的书。我要感谢你们每一个人对我的诚挚的爱，让我能够在爱与被爱之中书写我们的故事。

最后，我特别要感谢的是西南交通大学的领导和老师，尤其是经济管理学院、公共管理与政法学院的各位领导和老师。感谢西南交通大学为我提供了如此良好的工作环境，为学生营造了如此优质的学习、成长氛围，正因如此我和学生才能够在这样美好的校园里相遇相识相知；同时，我也非常感激经济管理学院、公共管理与政法学院的各位领导和老师对我教育教学工作的指导和帮助，多少次在我迷茫的时候，你们分享的经验与提供的意见和建议都让我茅塞顿开，感谢你们慷慨的指导让我能够将工作完成得更好，感谢你们的支持让我能够保持初心一直走下去。

苗　苗

2017 年 8 月 28 日

和你在一起

——默默注视"谁的时光机"

大学四年如白驹过隙，忽然而已。纵然时间飞逝，但"时光机"依旧以其平稳的步伐，在青春的年轮里"滴答、滴答"缓缓旋转，一如从前。

四年前，你们乘着时光机不紧不慢地来了，就在那个普通而又令人回味的夏秋之交的夜里。那时，我正在书桌前准备着开学的事宜，一旁的手机却轻轻震动，拿起一看是一条来自 QQ 好友的陌生邀请信息——2013级电商黄同学邀请您加入"谁的时光机"。

"谁的时光机"是孩子们班级 QQ 群的名字，一直沿用了四年。虽然不知道孩子们最初为班群起这样一个名字是何用意，但我却是对这个名字充满了好感，自从第一眼看见便一直很喜欢。以前，"时光机"只是动画片《哆啦A梦》里面的一个道具，无论是初级的"飞毯时光机"还是高级的"郁金香时光机"，它只是一个载人穿越时空的道具而已。现如今，"时光机"变成了你们与我相识岁月的交集，从过去，到现在，至未来。

2013 年 9 月 1 日是我们初次见面的日子，二十多张年轻的面庞上洋溢着年轻人的青春朝气与初入大学的自豪自信。自那一天起，你们的笑脸便一点一点深深地侵入了我的脑海，一天一天慢慢地浸满了我的心田。

真的无法想象，我们已经一起走过了四年的时光，而如今我即将目送你们离开大学这所"时光机"，心中纵然有着无限的不舍，但也最终化成了一句美好的祝愿——愿我所有的孩子每天都沐浴在灿烂的阳光下，用最阳光的心态去迎接每一天的朝霞。

大学，一个注定会让人成长成熟的地方。四年时间，伴随着你们的成长，我也在不断成熟。时光让我看到了你们的成长，看着你们从青涩变得成熟，从怯懦变得勇敢，从慌张变得坚定，我赞叹你们的成长，我也感激你们的成长促成了我的成熟。或许你们不知道，初次见面时我站在讲台上看着你们，我的心情有多忐忑；第一次发现你们学习生活的问题，想指导你们却又不知道怎么开口时，我的心里是多么的惶惶不安；初次指导团队，面对着团队里乱七八糟的问题时，我有多么不知所措……

四年里与你们共同成长的经历，让我彻底懂了讲台下的你们，生活中的你们和比赛中的你们。小小的你们每时每刻都有着自己的小心思。"90后"的你们不再喜欢与老师面对面倾诉心声，但是在朋友圈里就可以发现你们的一切行踪；"90后"的你们不再喜欢在图书馆里埋头苦读，没日没夜地刻苦自习也不再是你们大学生活的全部，你们喜欢更加绚丽斑斓的大学生活；"90后"的你们看似坚强，面对困难总是一副满不在乎的表情，但其实在内心里你们充满迷茫，渴望被人关注，渴望得到大家的认可。

四年的时间说长不长，人生漫漫几十载，四年不过是大家生命里的一段小过往；四年的时间说短也不短，毕竟那是大家光辉灿烂、放飞自我的大学时光，能在这样美好的四年里与你们相遇，对我来说是始料未及的惊喜。你们带给我的是感动、快乐、自豪和成长，忘不掉的是你们每节课上求知的目光，舍不得的是与你们相伴时刻的欢声笑语。最让我感动不已的是"客户关系管理"课程结束后，那本满载全班同学祝福与希冀的留言册，我将它放在我的床头，每每翻阅，我的心头都涌起我作为一名教师的骄傲与自豪。

今日写下这本书，我也想在你们大学四年课程结束之时，送给你们老师对大家的回顾与挂念。希望在你们毕业的若干年后，不论是交大的食堂，浙园的湖水，课间奔驰在校园里的"小白"，同学间的挚友之情，还是与老师相处的师生记忆，都能成为 2013 级电商班最珍贵的回忆。

提笔的那一刻，真的有太多的过往都历历在目，不论是我们放飞梦想一起宣誓的成人礼，还是共同度过的暑期实习那段炎炎夏日；不论是你们对未来方向的迷失，还是那坚持自我的坚毅目光，一阵阵不舍与欣慰混杂的情绪瞬间涌上心头，让我不知从何讲起。剪不断，理还乱，大约说的就是这些纷繁复杂的情感。

如今，你们这群让我注视了四年、相处了四年的孩子就要踏上对未来的征程，我相信你们每个人的实力，四年大学的历练，四年的付出与汗水，四年的吸收与提升，已然让大家对于前程无所畏惧。我只希望，再相聚的时候，能听到你们对我说："老师，这些年我过得很好，很快乐，也很幸福！"这便足矣。

目录

第一章　带着目标起跑

◇　人生若只如初见
◇　每个孩子都不一样
◇　18 岁的青春是怎样的颜色
◇　我最怕的是"温水煮蛙"
◇　观念正确　进而有向
◇　主动研修　放飞梦想
◇　实践是检验真理的唯一标准

人生若只如初见

我一直很想和我的孩子们分享我和他们第一次见面时的心情。大学四年里，我们相处的时间很多，却一直没有合适的时机来说起这些感受，偶尔和一些孩子们提起也是简单的只言片语，直到他们离开，我也没有将这些话完整地和他们说过。也许他们并不知道，当时的我怀着怎样一种激动而又复杂的心情。

我是在开学前两个星期接到通知，要我担任 2013 级电子商务班的班导师。初次当班级导师，我的心情很激动也很忐忑，甚至在一开始，我居然不知道自己应该以一种怎样的姿态出现在学生面前，应该以一种怎样的态度来担任这个职位。我开始回忆我当年的班导师是怎样出现在我的世界里的，然而多年之后，我只记得当时自己激动而又惊奇的心情，全然忘记了老师是什么样子的。

既然百思不得其解，也许顺其自然就是最好的处理方式。我这样告诉自己。

在见他们之前，我曾经设想过无数次我们见面的场景，或严肃、或嬉闹、或尴尬、或和谐，考虑再多无非是因为我想要给我的第一批孩子留下一个美好的第一印象，让他们能够接受我，让我能够走近他们、了解他们、帮助他们。

2013 年 9 月 1 日，第一次见面，第一次班会，虽话语匆匆，却情真意切。映着阳光走来的他们，脸上洋溢着快乐、幸福、紧张、担忧、神往、兴奋的表情。稚嫩的脸上有第一次见到院长的兴奋和激动，有第一次见到同学的快乐和幸福，有担心大学第一次考试的紧张和恐惧，也有着一个普通孩子对大学生活的渴望和神往。

那天的天空很蓝，阳光不急不缓地照在每个人的脸上，那么温和，那么美好。看着他们那青涩的面庞，一双双求知若渴的大眼睛，一个个充满好奇的表情，我突然感到自己很幸运，因为除了上课之外，我有了其他的机会去接触他们，去帮助他们。

那个在我大学时期就扎根于心里的最初的梦想似乎与我在慢慢地靠近。

"亲爱的同学们，你们好，我是你们的班导师苗苗……"通过简单的自我介绍，我希望我们之间的距离能够慢慢地拉近。

大学的班导师不再是传统意义上小学生、初中生或者高中生们在生活和学习中所必需的班主任，从学校的规定来讲，班导师与学生的责任关系是为学生解决学习中的难题。可是，对于一个没有担任班级教学任务的班导师而言，我甚至连和学生见面的机会都少得不能再少，又怎么会知道他们在学习中遇到的难题呢？

虽然学校在下达通知时说明了班导师的职责和要求，但是在学生实际的生活和学习中，他们所遇到的情况总是千差万别、状况百出。哪位同学在学生工作中受挫了，哪位同学对学习陷入迷茫了，哪位同学又失恋了……孩子们成长过程中的"问题"总是层出不穷，我无法详细地区分这些"问题"中哪些事情是我的工作，哪些事情不是我的工作，我只能从一个老师、一个朋友、一个前辈的角度去分辨哪些事情我需要去做，哪些事情不需要我去做。

我和孩子们就这样突然出现在了对方的世界里，初见时也许不会料想到以后会发生的事，但是从一开始，我就尽可能地去了解他们、熟悉他们，就像初入大学的他们在尽可能地了解大学、熟悉大学一样。有一点不同的是，我是一名老师，他们是我的学生，更是我的初衷、我的梦想，而这一点我和所有的老师都一样。

在我和孩子们的最后一次班会上，班上最文静的小柳同学主动跟大家分享了她对于班级的印象。在她长达半个小时的叙述中曾经提到了我和孩子们的初见。她是这样说的——

第一次班会真是大学四年中最难忘的片段之一，直到四年后的今天，我依然记得当时的场景。

那是一个阳光柔和的下午，早上我们刚刚参加过学院的开学典礼，下午就被助理辅导员带着，穿过了大半个校园去到了交大传说中的"迷宫楼"。那栋楼是学校建筑学院的教学楼，设计非常别致，大学里我偶然去过几次，每次都在那上上下下的阶梯和长长短短的回廊里迷了路。那天，我们也绕了很久，一路上还在调侃助理辅导员："小马哥，咱们这是迷路了吗？"

X8525，我还记得当时开班会的那个教室。那是我们第一次在教室——这样一个正式的场合，只有咱们专业班级所有的同学和老师（除了辅导员以外）聚在一起。

走进教室，男生们聚在一起坐在靠窗的位置，而女生们则以寝室为单位三三两两坐在靠门的位置，和男生们隔着一条过道。选定位置坐下，我一抬头刚好看见讲台上一位穿白衣的女老师从电脑后面直起身来。她的脸上带着浅浅的微笑，目光闪闪地看着我们，可能是注意到我在看她，老师下意识地往我这边一瞥，我害羞地低下头去，却又悄悄地抬眼偷看老师，发现老师正在对我微笑，露出一颗白白的小虎牙，那样子真是可爱极了！

还记得老师在自我介绍时说自己叫苗苗的时候，全班同学那一脸懵逼的样子。

"就是树苗的苗吗？还是复姓？"某一位同学问。

"就是树苗的苗，但不是复姓，我姓苗，单名一个苗字。"苗苗老师微笑着回答。

我当时就对这个有着叠字名字的老师充满了好感，不仅仅是因为她笑起来那颗可爱的小虎牙，还因为她可爱的叠字名字。

那天的班会上具体讲了些什么我也不太记得了，我只记得，苗苗老师问我们："你们觉得电子商务到底是干什么的？"

同学们都不知道怎样回答，只有一个同学怯生生地说："是做淘宝的吗？"

全班同学纷纷笑成一团，因为当时网络上流传的搞笑版高校专业与职业就将电子商务与淘宝画了等号，而小雨同学这句话正中了大家的笑点。

苗苗老师仿佛也被这句话逗笑了，她笑着挥手，示意大家安静下来，然后一本正经地告诉我们："淘宝是一种电子商务，但是电子商务可不仅仅是指淘宝！因为电子商务……"

说句实话，我也是在那天才知道电子商务并不等于淘宝，而这就是苗苗老师带领我们迈进电商专业领域的第一步。

每个孩子都不一样

记得艾琳·凯迪曾经说过这样一句话："每一个人都是一个独立的个体，独一无二，无法复制。"是的，这个世界真的很神奇，能够把如此众多纷繁的"元素"聚集到一起，组合成如此奇妙而独特的群体。

在茫茫人海之中，我与这群可爱、优秀、善良、真诚的孩子们不期而遇。他们或单纯，或激进，或新奇，或勇敢，或执着，或乐观……他们之中有用笔来描绘世界的阿宁，有用坚毅去实现梦想的小轩，有用信念去支持伙伴的小韩，有用奉献去陪伴大家的凯旋，有用笑容去打动大家的梅梅，有用活力去感染大家的一杰，还有用声音去征服未来的阿狸……他们或许只是大学中普通的一员，但他们却是我心目中独一无二的唯一。

能够走进西南交通大学校门的孩子，都是从千"军"万"马"中脱颖而出的精英，我绝不相信他们在智力上存在任何问题，也绝不相信挂科是由于他们的能力不足。所以在进大学伊始，我就这么静静地看着每个孩子，看着他们用自己的特色去超越别人、感化别人，看着他们将自己的兴趣与能力相结合去做自己想做的事情。

从一个传统的传道授业解惑的老师的角度来说，把学生们培养成为优秀的人才是一份职责，更是一份使命。对此我毫无异议，只是相比于培养孩子们成为一个单纯的"优秀的人才"，我更希望他们成为一个快乐并且幸福的优秀人才。

还记得孩子们第一次全体成员见面时，小轩同学在进行自我介绍的时候这样说道："大家好，我叫余影轩。从我的名字来看，是不是觉得很像言情小说或者都市小说里面的男主角？是的，没错！我就是我人生中的男主角，我定会演出一场最华丽的人生！"确实，每个孩子都是不一样的，他们每一个都是自己人生的主角，他们有权利来选择自己的人生。对我而言，比起引导他们走相同或者相似的路，我更愿意让他们每一个人都与众不同。

即将来临的绚丽多彩的大学生活，正好给了孩子们一个发挥自己特长、展现自己风采的机会。在交大经管学院有着各种各样的学生社团，常年筹办着各不相同的社团活动，学生会、青年志愿者协会、班级联合会、素质拓展中心、经英传媒中心，这些地方给了我的孩子们崭露头角的机会，他们跟着自己的心走，选择自己喜欢的部门，干着自己喜欢的工作。

我偶尔也会在和高年级的学生闲聊的时候，不经意间听到班级里孩子们的最新动态。那时我才知道，原来迎新晚会上那个最帅的主持人是我们班的；一次重要大赛的宣传海报，是我的孩子熬夜设计出来的；在一场由知名院士召开的讲座之后，对院士进行专访的还是我的孩子。每当我看到他们辛勤工作时，我的心里便充满欣慰和幸福。因为他们每一个都在追随着自己的感觉，追逐着自己的梦想，在脚踏实地地做一个与众不同的人。

"90后"的他们更加直接，也更加热情，敢爱敢恨，敢想敢做。我很佩服他们也很羡慕他们，在他们身上我仿佛看到了自己年轻时候的影子。一个人，不管你年龄大小，不管你身处什么境况，你都是特别的，只要你肯奋力拼搏，你都能做出独一无二的贡献，你的生命因你的自我本色而富有意义。而他们的独特、他们的不一样更让我感到无比自豪。

据我的学生回忆：

大学刚刚开始的那会儿，和班级里的同学们还不是很熟，有空的时候经常和高中的哥们儿打电话聊天。聊天内容大多是各自的大学生活什么的，从那个时候开始，我就发现交大在教学管理上很有"特色"，而作为交大的学生，也是真的比其他高校的更加自由。

我的好兄弟常常在电话里向我抱怨："兄弟，你都不知道我的班导师有多烦！他命令我们班所有学生今年必须通过英语四级考试，要求我们每天早上七点在早读教室练口语，每天晚上都要上晚自习，每周集中做一次英语四级真题。同学们都怨声载道，很多人想去做点自己的事情都没有时间，因为请假还很难，多次请假的话老师还不会批。哎，真的是一点属于自己的时间都没有了……"

每当兄弟们在电话的那一头抱怨自己的班导师管自己太严，就像是高中时代的"灭绝师太"一样时，我其实都在窃喜自己所在的学校、自己的老师给了我这样一个发展自我的机会，能够让我自由地去飞翔，随心所欲地去挖掘自己的潜能。

　　在交大，最热门、最强大的专业当属土木工程无疑，很多人都羡慕这个专业的学生：他们毕业之后很容易就业，工作较为稳定，发展前景也比较好。就在这样的盲目羡慕中，我进入了大学的第三年，也认识了很多土木专业的学长学姐，那个时候我才逐渐意识到，这个专业的学生们也有着难言的无奈。

　　一次偶然的机会，我看到了从 2005 年开始至 2015 年所有土木工程专业学生的毕业去向。他们之中 80%进入了铁路局、工程局以及地铁公司，其余的人则大多数选择了读研；研究生毕业之后进入设计院工作，只有很少部分的人会签入第三方公司或者跳出土木行业从事其他行业的工作。

　　要说土木专业的学生就比其他专业的学生更适合、更喜欢做这些工作吗？其实不是的。他们之中的很多人都是因为交大土木专业的名气才选择了它，而在进入学校之后，由于种种原因，他们没能及时发现自身的兴趣，并开发出自身的潜力，所以只能跟随大多数人一起从事土木行业，而这也就是交大土木繁荣背后的"悲哀"。

　　我很感激交大经管系给了我丰富多彩的大学生活，也给了我一个自由发展的空间，也感激苗苗老师没有将我们按同一种模式去培养，让我们的天性得到自由的发挥。在大四大家开始找工作的时候，这样的感觉尤为明显，因为我们班的每一个人都有自己的特长，都能够在自己擅长的领域独当一面，找到一个比较适合自己发挥的位子。

　　因为我们每一个人都不一样，而我们很喜欢这样的不一样。

18岁的青春是怎样的颜色

18岁的青春，应该是怎样的颜色？或火红，用旺盛的生命力点燃梦想的激情；或翠绿，用温柔的态度去证明生命的明媚；或深蓝，用沉稳的心境去创造美丽的未来……我很荣幸，作为一名班导师，见证了孩子们18岁的青春绽放光彩的那一刻。那一天，孩子们的青春颜色深深地印在了我的脑海里，这是我第一次如此深刻地感受到孩子们对于未来的殷切期盼。

那是孩子们刚来到学校的第二个月，在一个极其平凡的日子里，我接到班长凯旋打来的一个电话，他邀请我去参加电商班的"成人礼"。当时的我并不懂这群年轻的孩子在搞什么名堂，还以为只是一个单纯的生日派对，直到后来我才知道，这是他们一起向未来宣誓的仪式。

之所以要举行一个这样的仪式，原因其实很简单，只是因为班里负责任又热心肠的生活委员小柳发现班上的同学有好几个都是在十月份过生日，并且刚好都是满十八岁。于是，班委们一起策划了一场属于大家的生日宴会，一向见解独特的班长却又觉得一场普通的生日宴会娱乐有余而意义不足，于是"成人礼"的想法便应运而生。

"十八而志，青春正好！"这是孩子们"成人礼"的主题。仪式中有一个环节叫作"有梦想就要喊出来"，这是一个很有趣的环节，孩子们来到了交大的浙园，对着幽幽的湖水，大声喊出自己的梦想：

"我是×××，我现在十八岁，十年后我要有一家自己的公司！"

"我叫×××，总有一天你们全都会认识我！"

"×××会成为一名电气工程师，我要转专业！"

"我要在海边有一栋房子，欣赏海浪，静品茗茶！"

…………

梦想，或简单或繁复，或华丽或淳朴，但不管怎么样，我知道了，原来在孩子们的心中，未来早已经有了一个大概的轮廓，虽然不甚清晰，却足以让他们有了前进的方向；那一声声喊出梦想的音调，或高昂或低沉，或信心满满或小心翼翼，但无论如何，他们敢于说出心中所想，也必定敢于去实践这些想法。

　　在孩子们兴致正高的时候，我很不合时宜地给他们敲响了警钟。"十八而志，青春正好！"相比于这样一个主题，我更想将它改成"十八而志，贵在坚持！"有梦想并不难，难在坚持自己的梦想。我很怕孩子们当时说得信誓旦旦，可一转眼却又忘在脑后，就如同随风喊出的梦想，未曾停留就消失在了风里。

　　我将这样的担心告诉了我的孩子们。看着孩子们坚定的眼神，我实在不忍心再去打击他们的信心，破坏当时融洽的气氛，所以我只能告诉他们，我会在大学四年里一直陪伴着他们去完成梦想，也会尽力去帮助他们解决筑梦路上的困难，但是我不会为他们的梦想负责，因为梦想是自己的，他们应该自己去负责。

　　十八岁的青春不管是什么颜色都好，但其中必然会有一抹靓白，那是一种叫作"坚持梦想"的颜色。真正的梦想是经过现实无情的打击之后，却依然愿意去相信、去坚持的。就如同那些在如今火热的达人秀赛场上，让大家感动得热泪盈眶的选手一样，他们能够走上那样一个舞台，是因为他们心中有一个梦想，但他们之所以能够赚到你的眼泪，是他们在打击和挫折面前选择了坚持，而你选择了放弃。

我最怕的是"温水煮蛙"

"高中压力太大，进入大学就轻松、自由了。"

我不知道，有多少学生是抱着这样一种心态进入大学的。但是，我想有这种心态的学生绝对不在少数。我并不是觉得这种想法不好，如果我是一名高中老师，我想我也会对高三的孩子们说这句话，毕竟高三的生活压抑而枯燥，给他们一个"美好的盼头"会让他们更有动力。但是，如果到了大学还有这样的想法，那这个想法就必然会成为大学生最不应该有的状态——懒散——的源头。

当一个大学生认为大学生活应该是与高中的压抑、枯燥不同，应该是轻松、自由的时候，其实"懒散"已经在不知不觉中进入了他的生活。他的生活会慢慢地变成这样——

"今天朋友过生日，说什么也要陪他好好玩一玩。明天还有课？那有什么关系，一次不去又不会怎么样。"

"昨天熬夜追剧到三四点，今天第一讲课就不去了吧。"

"明天要交作业了，课都没听怎么写啊？借同学的抄一抄好了。"

"社团工作好无聊，糊弄糊弄算了。"

…………

懒散在孩子们的身上往往会产生"温水煮蛙"的效应。

互联网上对于"温水煮蛙"是这样解释的："温水煮蛙"道出了从量变到质变的原理，说的是由于对渐变的适应性和习惯性，失去戒备而招灾的道理。突如其来的大敌当前往往让人做出意想不到的防御效果，然而面对安逸满意的环境往往会产生不拘小节的松懈，也是最致命的松懈，最终都还不知何故。

懒散，会为大学生创造一个暂时安逸的环境，人容易被周围的环境所迷惑，逐渐适应并习惯了这种安逸的环境，最终必将导致消沉、放纵和堕落。由于这个过程是一点一点地变化，让人在不易察觉中完成了整个蜕变，待醒悟过来却为时已晚。这和将人突然从"天堂"扔到"地狱"不同，那巨大的落差往往会激起人强烈的反应，从而迅速做出选择，不至于最终无法自拔。

　　每个学期末就是一个很典型的例子。懒散的同学总是不到最后一刻绝不复习，只要还有一点点时间，他就可以安心上网、追剧，根本不复习，直到考试的前一晚才开始疯狂地抱佛脚。

　　更有甚者将大学四年都用在了体验"温水煮蛙"的全过程里。大一时懒散，认为"逃课""睡觉"才是自由的大学生活；大二时放纵，不管学习，只顾享受自我；大三时消沉，已经察觉到自己与他人的差距，却还犹犹豫豫不肯改变；大四时悔恨，在面临毕业的时候悔恨虚度光阴，在开始找工作的时候悔恨一事无成。

　　摆脱懒散最好的方式，就是让自己忙起来。不要老是想着"自己不能懒散"却无任何行动，要动起来真正开始做事情。每天给自己安排一些有意义的事情，每天都完成相应的目标，用小目标枳累成大目标，要让生活过得像锁链一样，环环相扣，紧密充实，而不是像多米诺骨牌那样，一张牌的坍塌就让整个布局成为一盘散沙。

观念正确　进而有向

　　"时光机"曼妙的脚步，从来不会因为某个人的个人意志而改变方向，更不会因此而停滞不前。

　　人生的时光有限，对于在校的青年大学生们来说，其学习时光更是短暂。在这个知识爆炸、科技领先、竞争无处不在的时代，想要在激烈的竞争中拔得头筹，不仅要争分夺秒地获取高技能，为未来的自己充足"电"，还要特别注重思想观念的正确与否，因为人生观会决定一个人未来的发展方向，所以树立正确的人生观尤为重要。这些都是我在四年前与孩子们初相识时想到的。

　　我们的学校——西南交通大学，校园中的大多数学生来自全国各地，大家有着不同的乡音、不同的籍贯；还有少数的同学来自世界各地，他们肤色不同，语言不同，种族也各异。但无论这些孩子们之间有着怎样的差异，作为教师的我始终怀揣唯一的职责来教导他们：培养国家所需的出色人才，教育孩子们抓紧有限的时间建立正确的人生目标，刻苦努力，求知深造。要让他们像之前毕业于我校的茅以升、黄万里、林同炎等优秀人才一样，像现在正坚守在工作岗位上为国家做出卓越贡献的学长们一样，为人类的进步和发展真正多做点实事。

　　时值仲秋，蓉城的一个夜晚，天上的朗月柔光撒向渐渐静下来的喧嚣街道，撒向之前盛夏过后葱郁的树冠，撒向千家万户明亮的窗棂。难以数计的星星，闪烁着明暗不一的眼睛，似乎在无声地叙述着它们各自的心情。我看着蜀都这难遇的迷人夜景，情不自禁地遗忘了自己手中的笔和每天要写的工作笔记，不由自主地遐想万端：天空中那些明亮闪烁的星星，不就是我现在的那些学生们吗？它们像天使身着双翼，个个姿态各异，笑脸盈盈，自由自在地遨游在浩瀚的夜空之中，它们似乎在欢乐嬉戏，似乎在窃窃私语，似乎在探讨着，似乎在憧憬着。

　　看着眼前这群很快就要步入社会的孩子们，我深感国家与人民赋予自己责任之重大。自知：教与育，其关键不仅仅是传授知识，更应该身先士卒，为学生做好树立正确人生观念的向导。在大学这台有限的"时光机"里，让学生们具备积极向上的人生观是当务之急的必修课。

时间有限，刻不容缓！

此时的我又重新拿起了笔，在笔记本的扉页写下"为他主义"四个大字。为他主义——立足高远，胸怀大爱，为人类做更大贡献，是我教育孩子们的宗旨。

2013 年秋季新生刚入学，我通过首次班级座谈会的初步了解发现，孩子们现在的思想观念真是五花八门：有的想继续努力攻读研修，报效祖国；有的希望在未来做一个出色的企业家；有的想通过深造，像师长茅以升那样，当一名出色的工程师；有的想将来做一位老师；也有个别的频频抱怨现在社会的不公平……如此种种缤纷的梦想、理想和憧憬"满天飞"。整个班级座谈会生动活泼，充满了新一代青年的活力，充满了祖国未来的生机。我被这群朝气蓬勃的年轻人毫无顾忌的谈吐吸引着，被这种活跃的气氛感染着，被这种积极要求进步的环境熏陶着，我对这些孩子们的爱也悄然而生。

同时，我在无意之中发现，眼前的小陈同学，穿着打扮时尚，腕戴高档名表。我不禁短时走神：虽说自古爱美之心人皆有之，可他？我的第六感让我有些不安。

班级座谈会之后，我怀着一颗强烈的好奇心，急匆匆地把教案与记录本随手放进了教研室就去找小陈同学，意欲对他进行全面了解。见到他时，他正准备和另外两个同学相约出去打球，却被我生生地叫了回来。

我们师生两人刚走进教研室，时钟就已经指向了十一点。我以母爱般的口气询问道："感觉新学校的环境和生活怎么样？"

他若无其事地回了一句："凑合吧。"说罢，他抬头瞥了我一眼。

看着他心不在焉的表情，我一边用眼神示意着钟表，一边说："时间也不早了，我就不耽误你的时间了，咱们下午课余时间再谈，你说好吗？"

他似乎是用鼻子发出一声低低的回答："嗯。"随即站了起来，转身就向教研室门走去。

我目送着他走到门口，紧接着说道："下午见！"之后，我真没有听清楚他在出门时给我的回答是什么，因为他嘟囔的声音确实很低。对这样的结局，我倍感不解。

于是，下午的课余时间一到，我又去找他，他也正在来教研室的路上。我们在川流的人群中碰见，会意地互相打了个招呼，便分别向中午去过的教研室走去。

进了教研室，我伸手示意他坐下，随后我也坐了下来。这时，我发现他的面部表情稍微比中午时好了一些，但仍然流露出些许桀骜不驯的傲气。

我静下心来问他："你家是哪儿的？"

"农村。"他答道。

我又问他："家里几口人？"

"连外公外婆算一起，我家一共五口人。"他流利地回答。

我看着他的名牌穿着打扮，看着他那稚嫩的面容，看着他那种难以形容的眼神，又问了一句："学校这儿各方面条件和你们那儿的有差别吗？"

这时的他才打开了话匣子："这两天我才发现，其实大学和中学都差不多，大学的校园大一点，人多一点，食堂饭菜的种类多一点，宿舍住的人也多一点。其他的嘛——"他稍顿了顿，"要比我们家，那就差多啦。"

他饶有兴趣地接着说道："我家在乡下，虽然学校不如这儿，也算可以；老师不多，成天管得很紧；我们家住的也是楼房，宽敞明亮；我爷爷爱唠叨几句，奶奶不错，啥事都依我的；妈妈每天忙上班，爸爸整天开着他那辆'霸道'牌越野车跑他自己企业里的事；我只管上学读书，学习成绩还行吧。其他的一切，家里人都说不让我考虑。"

这时，我发现小陈同学其实很健谈。于是，我借他说话稍停歇之际插话道："我看过了你的高考成绩，还算可以，你志愿来本校就读这很好。那你下一步是怎么打算的？"

听见我问起他大学的计划，他略抬起头来，微微笑了笑说："没什么想法，到毕业的时候拿个大学文凭好找工作。不过我知道，万一不行，有我爸的企业和我爸妈挣的那些钱，我几辈子都花不完。"

听他说出这么一句话，我顿感不好。于是就慢慢地说道："听你这么一说，我才知道原来你的家庭条件确实不错，你人又这么聪明，将来肯定是大有作为的。"我缓缓地将目光从他的脸上落到他手腕上的名牌表上，假装漫不经心地问他："你的手表这么漂亮，是不是家里送给你的大学礼物啊？"

"你说这个表吗？"他撸起袖子将手表拿到我眼前晃了一晃，"这只表不是很漂亮啊，我还有一只更漂亮的，是浪琴销量最好的一款机械表。这表也不是什么礼物，只是我喜欢就让爸妈拿钱买了。用这表做礼物未免也太寒酸了吧。"他一脸的得意。

"所以，你每次向家里人拿钱买东西时，他们都是那么爽快地就给你了？"我问道。

"当然不是，我爷爷给钱就特不痛快，整天唠唠叨叨，说我张口就知道要钱，还老是乱花。但其实他根本不知道我买的浪琴、欧米茄是什么东西，不过到最后，他还是如数地给了我。其他人嘛，最多也就是问问用来干什么的。"

我接着他的话茬说了一句："看来你是你们家里人唯一的宝贝啦。"

"是的，一切都是我说了算。"他毫不犹豫地答道。

我因势利导肯定地说："家里人视你为宝没错，钱够花也很好，可你知道你爸妈在挣钱背后的艰辛吗？"

他插话道："有时候我也听我爸说，现在的生产和销售都不好搞，市场竞争太大什么的，不过我感觉这些事儿离我挺远的，我也不懂，自然也帮不上什么忙。"

我接着说："你爸所经营的企业在管理、生产、营销、市场运营等方面肯定存在着许多你意想不到的难题，你刚刚上大学自然不会知道多少。但是，你来交大就读的志愿算是选对了！电子商务作为工商管理大类的一个分支专业，不仅可以学习到很多解决这类问题的专业知识，而且电子商务与'互联网+'的创新思维也能够为解决实际问题提供新的思路。"我停下来看了看他的反应后接着说："其实不仅仅你爸的企业，很多类似的企业现在都面临着生存与发展的难题，这些正是需要你来研修与破解的现代工商业发展的谜题。如果你能理解我说的话，能够理解我的诚意，能够利用这几年短暂的在读时间，去努力解决这些问题，你的爸妈一定会很高兴的。社会也会公认像你这样聪明能干的年轻人，那时你的未来对他人和国家也会更有价值。"

他好像听懂了一些我的意思，比较满意地点着头。

我和小陈同学这次交谈，由于时间的关系，就自此暂时告一段落。在临结束时，我又约了他下次谈话的时间，并且可以看出，他这次离开教研室时的态度比上次谦逊很多。

在班级里，像小陈同学这样条件现状和价值观都模糊不清的新生很是不少，这既然不是个别现象，自然也就不可能在朝夕之间就将该问题解决。只能胸怀大爱，循循善诱，用耐心去逐步改变。

后来，我和小陈同学的几次谈话，无论是对问题的探讨，或是有针对性的激发其求知的积极性，或是对问题各持己见的分析辩论，或是对某种发展思路的引导启迪，或是对人生价值体现的见解，在最后都基本能够达成共识。

短短几个月的时间，所有人都发现了小陈的改变。班级内外基本上所有认识他的师生也都对他的为人处世逐渐认可起来，也开始赞赏其在所修科目上的成绩进步。由此可见，一个人，只要向着正确方向目标努力，其他人就会投以羡慕与肯定的眼光。

主动研修　放飞梦想

2014 年初夏的一天夜里，我收到一个学生给我发来的邮件，他在邮件里如是说："老师您好，我是您大一班里的×××。经过您和各位老师一个多学期的辛勤培育，加上我自己对时代现实的反思，我总感觉作为一名当今的在校大学生，如果没有一项特长、没有核心竞争力、没有理想、没有梦想，那么未来是不堪设想的。我非常想从现在就开始培养一项属于自己的核心竞争力，但我却很迷茫，不知道究竟应该如何着手做。我很希望能够得到您的指点，谢谢老师！"

写邮件的孩子是班级里表现很普通的一位，他不像有的孩子一般志气满满、踌躇满志，也不似有的孩子一般口若悬河、巧舌如簧。在与班级同学相处的大半年时光里，他总是一个踏实做事、认真学习的标准的乖乖学生的样子。收到他的来信倒是让我感到意外。

阅读了邮件之后，我的回复邮件既快又简单："同学你好，你悟性很好，见解独到，思维正确，定位准确。只要有目标，勤于研修，自然就能够收获知识，山高人为峰！"

从第二天起，我就主动抽课余时间和这位同学在室外的林荫道边交流："我给你的回复邮件收到了吗？"

他爽快地回答道："收到了。可就是专业里科目繁多，目标难定啊！"

"好定！"我接着说道。

他当时的表情有些惊愕，急切地又问我："怎么定？"

我问他："你最喜欢专业里的哪个科目？你想将来干什么？怎么干？最想达到一种什么程度？这就是你所想要的目标。"我停了一下，接着又说道："当然，你每天要在总目标之下确立一个力所能及的研修小目标，逼迫自己完成。同时要根据现实，尽可能准备好一切可能遇到的问题的处理办法，并且也必须有万一失败的心理准备。"

我说得很严肃，他似乎也明白了我的用意，握紧了他那年轻带劲的双拳，长吁了口气，说道："谢谢老师今天的点拨，我肯定还会请教您的。"微笑着转身向教学楼走了。

我望着他那坚定、快速、脚踏实地的背影，笑了笑，转而又摇了摇头，心里想着："这个三分钟热度的孩子到底能坚持几天呢？"

在与我交流之后的第六天，这位同学兴冲冲地把一份"×××课题研究计划书"递给了我，诚恳地请我为他"把把关"。我高兴地接在手里，抬起头看了看天上高飞盘旋的燕子，若有所思地点了点头。

第八天课后，我把那份勾勾画画后的"×××课题研究计划书"交还给了那位同学，并鼓励他："计划书的立项不错，但是计划的专业性不太翔实，仍需慢慢研究，如果你能把研究的过程如实记录下来那就更好了，我就能够从你的研究过程中给你一些具体的建议。"他听懂了我的意思，说了声"行"，便转身就走了。

在之后的日子里，他不是出没在图书馆、各个学院的专业书籍阅览室里，就是待在实验室里一个人研究着什么，还不时地找我问一些怪怪的、让我也难以直接回答的问题。或许别人不了解他在做些什么，但是我知道他在做些什么。从一些简单的论文综述到对实际问题的建模分析，他一步一步走来，认真完成每一份课题；从最初的只能依靠电脑才能看懂文献里面的专业名词到后来能够与我畅谈数据挖掘领域的新趋势，他的知识在积累，能力也在提高，他正在不断地成长、成熟。

人生说长不长，说短不短，但从实际情况来看，这人生终究是短的，它不如历史长如千年高山万年流水，高山不倒流水不绝，它更像是流星从夜空斜向划下般的短暂，稍纵即逝，就像我与孩子们四年前相遇，转眼之间离别就在眼前。在这有限的生命时光里，能够用于研修、提升个人能力的时间更是短暂，所以我在看到孩子们早早确定目标并一步一步实现时才会如此欣喜。

聚少成多，积沙成塔。主动研修，放飞梦想。

实践是检验真理的唯一标准

我总是对学生们说，比赛可以提高他们的实践能力，能够让他们认识到什么才叫公司运营管理，什么叫做市场营销，能够让他们把书本上一个个看似枯燥的模型结合到现实生活里。所谓学以致用，便是如此。

对于这一点，会计专业的李同学就是个很好的例子。

李同学是我在带队参加比赛的时候认识的，她是个性格开朗活泼的女孩子，经常喜欢称自己为"会计小李"。在比赛闲暇之余的一次聊天过程中，她向我表达了心中的疑惑，她问我："苗苗老师，你说像我们会计专业的学生，将来工作了到底要做些什么呢？我们每天学的不是高等数学就是财务管理，那么多数据和公式将来工作都用得到吗？"

听到她提出这样的问题，我并不感到意外，因为现在的很多大学生在高考后选择专业时都存在一定的盲目性。他们大多对专业所对应的职业不够了解，仅仅因为该专业的背后是一个热门行业便趋之若鹜。由此可见，大学教育里如果仅仅提供专业课程的讲授，对于学生们将来步入工作岗位，是远远不够的。

于是，我就建议小李同学在比赛的过程中多学习关于公司财务管理方面的知识。我对她说："你看，我们经营一家公司或者是运营一个项目，财务状况是很重要的部分，里面很多数据都需要仔细推敲和分析。这些不就是和你本专业息息相关的业务吗？"看着她好像若有所思，我又补充道："我们还需要做一些市场分析，那你就可以根据自己过去所学课程里面的观念和模型来研究，像消费者行为、客户关系管理这些课程里面都有讲过，这不是就相当于你在把这些知识用到实际工作中了嘛。这些工作都可以让你更好地理解你自己学习的专业呀！"

听了我的建议，她仿佛茅塞顿开，很激动地对我说："原来如此，老师，我懂啦！我会按照您说的试着做的！"

小李同学不是我遇到的第一个有这样困惑的学生。虽然在课堂上，老师努力地运用各种例子来讲解各类模型，希望学生们能有更好的理解，但终究不如学生自己动手，独立地用模型去分析自己在比赛项目中所遇见的实际问题来得有效。实际操作才能够让人对解决方案的理论和模型理解得更加透彻。

　　让人感到欣慰的是，在后来的比赛项目路演中，小李同学竟然能把市场分析的 SWOT 模型和 STP 模型讲解得头头是道，还对项目的各项财务指标都进行了非常详尽的解释和分析，让在场各位评委对他们的团队刮目相看。

　　事后，我找到她谈心，说起之前她提出的疑问，她对我说："老师，原来的我真的对于自己学习的专业有些茫然，但是经过这次比赛，我发现好多过去学习的东西都特别有用，公司的经营状况、市场前景都可以用专业的财务数据来说明。不仅如此，分析这些财务数据还让我对原本需要死记硬背的公式理解得更深刻，原来记不住的，用过几次就都熟悉起来了！"

　　看到她打消了心中的疑问，我也为她感到开心。人们经常说，实践是检验真理的唯一标准，确实，把知识和实践相结合，对于当今的大学生至关重要，不仅能够帮助他们更好地学习，还能为他们走上工作岗位做足准备。

第二章　你们都曾在这里迷茫过

◇　不需要姿态，也能结交朋友

◇　青春少年与周公的博弈

◇　从来不加称呼的对话

◇　压力与苛责之后

◇　关于社团，我要唠叨几句

◇　勤工俭学的那些事儿

◇　满腹才智　表达为首

不需要姿态，也能结交朋友

进入大学，不仅仅意味着孩子们进入了一个更高级的学府，可以进行更加专业性的、系统性的学习，对于他们来说，摆在他们面前的还有一系列的问题，比如：如何重新建立自己的人际交往圈子？

"苗苗老师，我不知道怎么和大家交朋友。我也想和大家打成一片，可是我应该以怎样的方式去融入他们呢？我有点迷茫。"这是我认识小叶之后，她对我提出的第一个问题。

人际交往，或许对于很多外向的、活泼的孩子而言并不是什么难事。但是对于小叶来说，的确是一个不小的挑战。小叶是一个很文静的女孩，总是喜欢安静地听别人说话。于是，当大家都在叽叽喳喳地讨论着某一个话题，紧紧地围绕着最能侃、最能说的那一位同学时，她似乎有一点被排挤在外了。她不想一个人，却又不知道应该用怎样的方式去融入大家的讨论，于是她迷茫了。

在和她的交谈中，我发现她其实是一个很有想法，并且乐于表达自我的人，只是因为性格的内向让她不太敢和大家交流。她一直在问我，她应该以怎样的方式去融入大家？是不是应该改变自己内向的性格，让自己看起来更加外向活泼一些？

于是我问她："我在你的心中是什么样子的？"

她说："我觉得苗苗老师您很真实，您和我们在一起的感觉就像我们的大姐姐一样，一点没有老师架子，也没有距离感。"

我说："这就对了。交朋友就是这样的，不需要什么姿态，不需要任何改变，不需要什么方式，也能结交朋友。"其实，这一点我也是从孩子们身上学到的。

在电商班的孩子们第一次召开班会的时候，他们进行了一次自我介绍。我还记得当时的张端坤同学是这样介绍自己的，她说："我叫张端坤，就是端正乾坤的那个'端坤'，虽然名字很爷们儿，但是我却是一个萌妹子，一个很爱吃醋的萌妹子，因为我来自山西，从小就是醋坛子里面泡大的，以后有机会一定请大家尝一尝正宗的山西老陈醋。"

那个时候，全班第一次聚齐，我也是第一次见到他们，心里除了有第一次担任班导师的忐忑，还有怕和他们有"代沟"的担忧。说实话，要我去和这一群"90后"交朋友，我的确有些胆怯，就像小叶一样，不知道应该用怎样的姿态、怎样的方式去和他们相处。但是，当我听到这样一段自我介绍以后，我忽然领悟到，或许最容易让他们接受的姿态就是你最真实的样子，最容易让他们接受的方式就是最真诚的方式。不需要摆出架子，也不需要装作热情，只是真诚的、平等的交流就能结交到朋友。

当张端坤同学成为孩子们口中的"醋大姐"，人人都愿意和她分享自己的心里话的时候，当小叶终于和新交的朋友手挽着手一起上下课，讨论着共同喜欢的某一本书的时候，我知道我当时的想法是对的，不需要姿态，也能结交朋友。

青春少年与周公的博弈

对于现在的学生而言，互联网已经是生活中不可分割的一部分，各种社交软件的广泛使用不仅使得大家的沟通交流变得方便快捷，也使得我对孩子们的作息有所了解。

孩子们在微信以及 QQ 上各有一个群，在我加入孩子们的微信群之后发现，孩子们活跃的时间往往是在深夜。最初时，我本是出于督促孩子们关注时事新闻的初衷，在孩子们的群里发起了早起读报活动，简单地说，就是每天早上我会在群里发送一条新闻，看到的孩子就会在后面回复我。而这样的做法，却让我在不经意间发现了孩子们的一个问题——睡懒觉。

在最初施行"早起读报"活动的一周时间里，我常常是在早上八点半至九点之间向孩子们推送新闻，而能够在十点之前回复我的孩子很少，大多数孩子都是在十点半之后回复我的。我原本以为，从这个数据来看，还是有一部分孩子习惯早起的，虽然大多数孩子会在十点左右起床。而小寒同学一次不经意的回复，却让我发现事实并非如此。

小寒同学一直都是孩子们之中回复我比较早的，我也一直以为他起床也比较早，然而那一天他却在群里发了这样一句话："每天在床上就能看到老师的新闻了……"而后面还有很多人附和。至此我才明白，孩子们睡懒觉的坏习惯已经超乎了我的想象！

都说年轻人是早上七八点钟的太阳，明媚而耀眼。但是当太阳遭遇周公，一场艰难的博弈就此展开。

曾经就有一个自称"懒癌"晚期的孩子向我求助，他觉得自己太懒散，没有人的监督，根本没办法做事情。每天早上他都起不来，经常不去上课，早餐更是几乎没怎么吃过。他的一天只有下午和夜晚，除了偶尔上上课之外，他几乎没有做过任何正事，他很懊恼，却又无力改变。

我试着去帮他，让他每天早上七点半给我带早餐到办公室，用这样一种方式督促他早起。刚开始的时候，的确很困难，我也会因为他的失约常常吃不到早餐。

有一天，他在快八点钟的时候，才把早餐送到我的办公室。

他对我说："苗苗老师不好意思，今天我早上没有课，差点就没起得来。"

我说："没关系。起来了就好了，不要耽误了事情就好。"

他看着我，眨了眨眼睛，说："其实，我好像没什么事情要做。"

我看着他说："是吗？我怎么记得你昨天还跟我说，你报名参加了五一数学建模比赛，准备好好看看往年的试题。"

他摸摸脑袋，说："对啊！我都忘了！"

"这种小事忘记了也就罢了，最多也就是建模赛拿不到什么好的名次而已。不过，有些事情却不能用忘记了做借口的。你最初找我帮忙的时候是怎么说的，还记得吗？"

他没有说话，只是有点不好意思地看着我。过了一会，他才告诉我："老师，我记住您的话了。"

我对他点点头，给予他一个赞许的目光。虽然我不敢保证他是否会坚持早起，但是我希望他能够克服自己，改掉这个不好的习惯。

从那之后，那个孩子每天都会在七点半准时将早餐送到我的办公室，一直坚持了一个月。男孩的精神状态也一天比一天好，每天都笑盈盈的，连周围的同学都觉得他变得不一样了。

"小辰啊，你以后不用再给我送早餐了，我觉得你已经不需要我来监督了！嗯，只是我有一个问题你能回答我吗？"

"老师您说，什么问题啊？"

"你怎么突然就能坚持早起了呢？"

他腼腆地笑笑，对我说："苗苗老师，这其实是一个秘密！不过，我很愿意同您分享！"然后，他悄悄地说："因为我在晨跑的时候遇到了一个女孩儿，她每天早上都在浙园那边跑步。现在，我们已经是好朋友啦！"

这就是青春少年与周公博弈的故事，虽然周公会在一段时间里占了上风，让青少年们沉睡在漫无止境的梦里，但是只要当这些青少年的世界里有了他渴望的东西，或者是想要去追寻的佳人，青少年就会在博弈中轻松取胜。

每天叫你的不是闹钟，而是梦想。当然还有可能是你未来的向往！

从来不加称呼的对话

随着我与孩子们的互动愈加频繁，我们的关系也逐渐亲密起来，虽然这和我所期待的一样，我终于能够走下讲台和大家打成一片，但是问题也由此而产生。也许孩子们是真的把我当成他们生活的好伙伴了，竟然在张嘴说话或者文字交流的时候，完全没有称呼。无论是邮件、短信、电话，抑或是当面汇报，称呼都是"你"，而不是"您"，也不是老师。

第一次我以为是意外，心想着这也许就是他们接受我的一种表现。然而当这样的事情发生了第二次、第三次，发生在我身边的大多数孩子身上时，我慢慢意识到这可能是他们长期养成的一种习惯，一种对待父母长辈们也如同对待自己身边的朋友的习惯。我并不是觉得自己身为老师，孩子们就应该时时恭维我，将"老师"这一称谓一直挂在嘴边。从内心而言，我甚至喜欢这样亲切的称呼，但是作为老师的我，却开始为他们的未来担忧，因为我知道并不是每一个人都习惯这样的"亲密"，他们在步入社会后如果不改变这样的做法，肯定会吃亏。

莎士比亚曾经说过："不良的习惯会随时阻碍你走向成名、获利和享乐的路上去。"正因为如此，我深谙这件事情的重要性。曾有一段时间，每天晚上当我躺在床上，都会为这件事情而发愁，我很希望想出一种可以不伤害孩子们的自尊，并且不影响我们之间感情，但是同时又能够帮助他们改掉这一坏习惯的方法。这个时候伟大的教育学家陶行知四颗糖的故事给了我启发。这个故事是这样的——

有一天，陶行知看到一个男生用泥块砸自己班上另一个男同学的头，砸得鲜血直流。陶行知虽然当时非常生气，但是却没有即刻就当着大家的面指责那位学生，只是命令他放学后到校长室去。

放学后，陶行知来到校长室，那位男生早已等在校长办公室门口。他以为开除或者记过的结局不可避免，等待着陶行知的发落。可是，陶行知却笑着掏出一颗糖果送给他，说："这是奖给你的，因为你按时来到这里，而我却迟到了。"这位男生接过糖果，有些惊讶。

随后陶行知高兴地又掏出第二颗糖果放到他的手里，说："这是奖励你的，刚刚你打人的时候，我们都处于情绪最激动的时刻，可是你很好地控制了自己的情绪和理性，我不让你打人时，你立即住手，这说明你很尊重我，并且可以非常好地控制自己的行为，我要奖励你。"这位男生更加惊讶地看着陶行知。

这时陶行知又掏出第三颗糖果塞到男生手里，说："你知道我刚刚迟到是去了什么地方吗？我刚刚去你们班上了解信息，你是一个好孩子，平时从来不打人，这次你用泥块砸那个男生，是因为他们欺负女生；你砸他说明你正义善良，有跟不良作风斗争的勇气，虽然手段不对，但是出发点是好的，应该奖励你啊！"

这位男生非常感动，他流着眼泪后悔地喊道："陶校长，我错了，我砸的不是坏人，而是同学……"陶行知满意地笑了，拍拍孩子的肩膀，他随即掏出第四颗糖果递过来，说："每个人都会犯错误，你正确地认识自己的错误，这是改正一切错误的基础，我为你的进步感到高兴，我再奖给你一块糖果。"孩子深深地给校长鞠了一躬，说："校长，我错了，我一定改。"后来这个学生成为一名非常有影响力的企业家。

如果当时的陶校长按照校规，又拍桌子又瞪眼睛地把孩子推到门外，一句"开除"，一了百了，也许这世界上就多了一个游手好闲的坏人，少了一个优秀的企业家。所以在处理冲突的时候，陶校长为教育工作者指引了明灯。

一次难忘的尊称问题的转化——

那一次，我在班级里发起了一个名叫"说说生活中你做过的最有礼貌的事情"的活动，让所有同学均参与其中。在那次活动中，便有同学自己提出了关于礼貌称呼的问题，除此之外，还涉及人际交往各个方面的问题，而我想要孩子们能够相互学习，知道自己在哪些方面还需要改进的目的也就顺利地达到了。在活动的最后，我别具一格地提出了一个新的奖励措施——在本学期的最后评选出一名"最有礼貌学生"，每个人都具有投票的资格，届时这位同学将会获得老师精心为他准备的表彰礼物。

时间是验证我的方法是否生效的最好途径，一个学期下来我发现孩子们在给我发的短信中、电话里再也没有出现"你"这个称谓，取而代之的是"您"或者老师。看到这个结果，我终于长长地舒了口气。孩子们的这种改变，我都看在眼里，那种从来不加称呼的与人对话，已经成为过去式。

据我的学生回忆：

其实称呼这个问题，由我来讲实在有些尴尬，因为我曾经在这件小事儿上犯过不止一次的错误。作为学院唯一官方新闻中心的一员，大学的前三年我在中心从一个小小的记者晋升至记者部的部长，在对新加入新闻中心的记者进行培训时，我总会反反复复提到的"礼貌"和"称呼"，而在日常的生活中，我却常常忽略了这一点。

由于担任记者的缘故，我经常采访学院里的老师和领导，每一次我都和他们相谈甚欢，于是我自以为和老师们关系很好了，于是在日常的交流或者邮件、短信中，就没有那么注意言辞。和苗苗老师的交流更是如此。

大一的暑假，我们跟随苗苗老师去重庆进行了专业认识实习，在那段时间里，我们和苗苗老师建立了深厚的师生友情，那感觉就像是朋友一般。在日常的短信、邮件或者QQ交流中，我都像在和朋友交流一样，没有使用那么多的敬称，甚至会使用一些颜文字、卖萌的表情。

直到我在一次普通的汇报工作中被辅导员严厉地指责。辅导员在回复我的短信中这样写道："××，你的工作完成得很好，汇报也很清晰，但是总感觉你的态度有些轻浮，做事不够沉稳，年轻人还是要脚踏实地！"

最开始，看到辅导员这样的评价我感到很无辜，我觉得我没有做错什么，所以我向苗苗老师请教。

我把事情的原委告诉苗苗老师，苗苗老师委婉地提醒我："你看看你发给辅导员的汇报短信和发给室友的信息，然后对比一下，有没有什么差异？"

我认真地翻出短信，仔细对比之后说："没有差异啊！"

"嗯，"苗苗老师认真地说，"没有差异就是最大的问题啊！"

我这才领悟过来，是啊，对人的称谓！这就是问题的所在。

关系好并不代表可以不尊敬。老师毕竟是我们的长辈，我们理应表现出晚辈应该有的尊敬；其次，就如同我所犯的错误那样，平时的不尊敬、不礼貌很可能在老师或领导眼中就成为对工作的不认真、不细致、不踏实，而这对于我们自身的发展是极为不利的。中国人讲礼、识礼、知礼。因而，对于长辈的礼貌和尊敬应该时刻保持，这也是人与人之间彼此尊重，互有尊严的体现。

压力与苛责之后

这里我只想讲一个故事，它发生在孩子们大一时的第一次团日活动答辩会上。

那个时候才刚进十一月份，孩子们来到这个大学刚好过去两个月。所有经历过大学的人应该都会了解，大学的班级概念并不像小学或中学时代那样强烈，大学里一个班级的同学们甚至连上课也不在一起，偶尔的聚集也只是像班会这种大家都觉得无关痛痒的场合。所以，建设一个具有凝聚力的班集体成为大学班级建设中最为关键的一环。我的孩子们当然也深刻地了解到了班级建设的重要性，而他们也一直表现得很好，直到那一次意外。

我们学院有每学期举办一次主题团日活动的习惯，每一届新生入学后的第一个团日活动也是倍受重视，不仅仅是因为学院会对表现优秀的班级有相应的奖励，更为重要的是大家都将这一活动视为了展示自己班级风采的一大途径，每一个同学都希望自己的班级能够获得这第一份集体的荣誉。

我的孩子们也并不例外，从十月份团支书接到学院的通知之后，便开始了紧锣密鼓的筹办活动。第一个星期想策划，班委们群策群力又是收集大家的想法又是分析可行性，策划书写了又改、改了又写，终于将活动方案定了下来；第二个星期做准备，采购活动物资，设计宣传海报，设计邀请函，准备活动用 PPT，邀请相关的老师们和考核人员，准备团日活动的具体内容……大家忙得不亦乐乎；第三个星期举办活动。孩子们终于坐下来参加了这次自主精心策划并举办的团日活动，会场上欢声笑语不断，活动很成功，大家也很开心；第四个星期是对团日活动的总结答辩，就是在这次的答辩会上，团支书的一个不太好的表现，让大家都有些失望，而答辩之后与同级其他班相比，我们班级垫了底的结果让大家甚至有些愤怒。

出错的 PPT、有些颤抖的语言表达，甚至偶尔的咬字不清都成了大家指责团支书的原因，而之前团支书在筹备活动时与大家发生的一次不大不小的冲突，在这个时候更是推波助澜，掀起了轩然大波。团支书一个人承受着来自各方的指责与压力，无奈之下便向我求助。

通过与孩子们的交流沟通，我终于了解了事情发生的原委。团日活动本就是由各个班级承办，而团支书就是活动的负责人，那个时候刚刚开学不久，团支书的日常工作本来就繁忙，而且她自己又要在这么短的时间内适应大学生活，真的是令她分身乏术。就在这短暂的一个月时间里，为了办好这个活动，她也真是费了很多心思，她知道大家都很希望能够在答辩的时候取得好成绩，因此倍感压力。

在答辩会上，原本应该第二个上场答辩的她，由于第一个班级 PPT出了问题，她被临时换到第一个参加答辩。这让本就感觉压力山大的她有些慌张，而 PPT 播放时动画效果的问题，更加增加了她的紧张感，最终导致了答辩不理想的结果。

在和团支书的交流中，我也了解到，她对于同学们的反应尚且可以接受，但是对于班长事后对她十分严厉的指责，她觉得有些委屈。自从她被选为团支书以来，就一直很努力地完成自己的本职工作，班长的领导力很高，各方面能力也很强，她一直都很虚心地向班长请教班级建设的问题，班长也给予了很多的建议，特别是这一次团日活动，虽然不是班长主管，但是从筹办到答辩，班长都做了很多事情，帮了很大的忙。但是，事后班长的苛责让团支书觉得难以接受：班长首先是在答辩还未结束时，就怒气冲冲地离开了会场，然后在班级群里公开指责团支书答辩时的过错，最后甚至以自己离职作为要挟来宣泄对团支书的不满。事情发展至此，团支书早已不知所措，只得寄希望于我。

而我很理解他俩以及其他孩子的心情，大家都是为了班级荣誉，特别是班长和团支书，他们为了班级着实付出了很多。团支书因为压力而慌张失措，班长也因为压力而过分苛责，只是班长却一不小心用错了方式，表象看似乎很矛盾，其实两个人的目的是一致的，都是为了班级着想，完全可以谅解。

但在当时，班长的压力与苛责对事情并没有任何改善作用，反而将事情推向了一个完全相反的发展方向。我深知班长这样的处事方式，在其以后的生活中是完全不可取的。毕竟初次步入我们学院的孩子们，都会经历加入新团队，并为团队共同的目标而奋斗的过程，在这一适应过程中，压力无法避免，而团队成员的失误更是无法规避。如果团队成员们无法正确地处理压力与矛盾，而是一味地出于压力而苛责队友，这必将导致整个团队的人心不合，甚至分崩离析。于是，怎样调节孩子们现在的这一矛盾成为摆在我面前的一大难题。

在经过几天的思考之后，我终于还是决定请班长和团支书"吃饭"，帮助他们解决这一难题。

就餐时，我首先根据他们两人各自的个性，采取了不同的处理方式。对于稍微内向且极力苛责自己的团支书，我给予了她足够的鼓励和肯定，当然我也提供了一些必要的建议，帮助她顺利完成今后的工作；其次，对于喜欢苛责别人的班长，我也巧妙地提醒了他，是否也应该反思一下自己那次是否有过错，即使是没有过错，那么学会遇到问题，换位思考也是非常重要的品质。

最后，我还借着开班会的机会，给了所有的孩子们一份鼓励以及一份告诫，你们的努力我都看在眼里，我感动于你们为班级做出的一切；但同时作为一个团队，不管是胜利的喜悦还是失败的痛苦，我们都要一起承担，而不是一味地去苛责别人，施压和苛责之后只会有更多的人失去信心而一蹶不振，对事情却没有任何的帮助。学会分担失败的痛苦比学会分享喜悦更加重要！

关于社团，我要唠叨几句

大学社团是大学的一道风景线，很多人在大学的社团工作中锻炼了能力，结交了朋友，留下了许多美好的回忆。就客观而言，在就业这个现实的问题上，社团经历的有无、好坏，也成了一个在 HR 眼中比较重要的加分项。

交大的社团很多，仅经济管理学院的院级社团就有 6 个，校级社团更是数不胜数。大学伊始，很多孩子们便开始问我，大学就一定要加入社团吗？加入大学社团真的有意义吗？社团工作和学习之间应该怎么权衡呢？关于这些问题，我那些"理论上的说法"，也许没有太大的意义，现实中的故事往往具有更好的参考价值。

说起社团工作，就不得不提起一个人——小雪，她是我班上最会"折腾"的一个孩子。

首先，她参加了很多的社团。大一的时候，参加了学院的新闻中心和青年志愿者协会，成为学生记者兼志愿者；她还通过了学校民乐团的考核，成为民乐团中唯二的两名二胡手之一；不仅如此，她也是学校创业俱乐部的一员，经常奔波在各种各样的活动现场；最后，她还是学院辩论队的队员，经常参加各种辩论比赛，常常和队友们讨论辩题至深夜。

大二的她，在新闻中心担任部长；在创业俱乐部也成功当上了团支书，管理俱乐部成员的推荐入党等事宜；在辩论队，她成为一名教练，经常会陪着大一的新队员们参加比赛；不仅如此，她也没有放弃在民乐团的工作，一周会抽出两天时间去参加排练，出席表演。最让大家吃惊的是，她已经这么忙了，却又加入了学校的广播台，成为一名播音员，准时在每周四的下午为大家带来精彩的节目。

大二的时候，她已经是新闻中心的主席了，带领着百人的团队出版杂志、举办活动、实时推送新闻，让一个面临新媒体发展挑战的新闻中心再次精神焕发；交大 120 周年校庆期间，她作为民乐团的一名成员，参加了校庆演出，也为她三年的乐团工作画上了圆满的句号。

大四，她结束了所有的社团工作，安心准备考研。

也许有人会问，她这么忙会有时间学习、休息吗？答案是，有的。

小雪是一个非常自立的孩子，她能够在各种场合里独当一面，但她并不是人们口中的"女汉子"，而是一个十足的文艺女青年。她爱好文学，所以在新闻中心一呆就是三年；她偏爱音乐，所以再忙再累也没有放弃在乐团里表演的机会；她喜欢旅游，峨眉、九寨、康定、色达、丽江，她都去过；她还喜欢看电影，周末陪朋友看电影也成为生活的一部分；她也没有放弃学习，她不喜欢管理学，喜欢法律，所以即使在社团工作这么忙的情况下，她还是选修了法学的二专，并且成功地考上了法学的研究生。

跟大家说起小雪的故事，并不是要求大家都要成为像她这样的人，我只是想说明，社团工作和学习、生活并不冲突，只要你肯去做，就一定可以都处理好。在她的社团生活里，有一点很值得一提，就是她所参加的社团，都是她喜欢的社团，都是她的兴趣所向。因为喜欢，所以在工作中她才不会觉得枯燥，她才能够坚持这么久；并且，她没有丝毫的功利心，她所做的一切都不是为了成为社团的主席，不是为了给自己带来什么可观的收益，她只是喜欢这些活动，喜欢这项工作，只是恰好她的工作能够发挥她的兴趣及所长，在工作的同时收获了丰富的经历，也成就了就业时的优势。

这就是关于社团，我想要跟大家讲的——以兴趣为向导，选择自己喜欢的社团，并以一颗平常心去对待工作，不功利，不浮躁，你必然会收获你想要的。

勤工俭学的那些事儿

关于大学生是否应该去勤工俭学这个问题，在电商班里一直都有着两种截然相反的态度。

一方是以小林为代表的赞成派，他们认为勤工俭学不仅能够减轻家里的经济压力，还能学到工作技能，积累工作经验，提高适应工作环境的能力，为将来的工作打下良好的基础；而另一方是以小张为代表的反对派，他们认为勤工俭学就是在用最好的青春去做一些简单枯燥甚至没有意义的事情，并且工资太少，绝对可以称得上是廉价劳动力，他们认为与其浪费时间在这些事情上，还不如用在更能够提升自己的学习上。

这两种态度都各自有理，我也很难去评价孰对孰错，但是从一个老师的立场，我很开心看到孩子们能够用自己勤劳的双手和智慧的大脑来换取一定的收益，减轻家里的经济压力，但与此同时我也希望孩子们能够将勤工俭学做得更加有意义，能够真正学到东西。

小林，作为班上的兼职达人，大学四年尝试过很多不同的兼职。大一寒假，他兼职于广州蓝月亮集团，担任一名临时促销员，和团队其他成员在街道的临时销售点促销洗衣液；大二暑假，他成为一名家教，给一个初中二年级的孩子辅导数学；大三寒假，他又变身为超市里的一名销售员，负责干杂部门的货品上货与促销；上学期间，他也偶尔会发发传单，偶尔去校内的快餐店做服务员。

或许有些同学看到这里会觉得做这些工作很没面子，收入也不高，学不到东西，甚至连我也曾担心过小林做了这么多兼职，是否真正学到了实践经验，是否在工作的同时加入了自己的思考。但是，我的这种疑虑，在看到小林上交的一份作业时，被完全消除了。

大三的时候，我担任孩子们"客户关系管理"这门课的授课老师，我让每一个孩子写一篇关于"营销与客户关系"的论文，在小林上交的论文中，我看到了他在兼职过程中的思考。文中，他针对一个简单的发传单的过程，提出了十个问题，并一一做出了回答。问题如下：

1. 传单应该怎样设计才能吸引眼球？才不会被人马上丢弃？

2. 应该怎样选择发传单的最佳地点？哪些地点发传单最有效？

3. 发传单的最佳时机是什么时候？

4. 什么样的人更容易接受传单？他们是营销的对象吗？

5. 什么样的人不容易接受传单？要以什么方式才能使他们接受你的传单？

6. 面对同一地点的多个竞争对手，如何避免冲突？

7. 派发传单给街边店铺是否有效？

8. 哪些类型的营销活动最适合用派发传单的方式推广？

9. 怎样测定传单的效果是否达到？

10. 怎样才能将传单的受众转换为真正的购买者？

在那之后，我才逐渐了解到，小林他真的是在很用心地做兼职。这也就是为什么同样都是蓝月亮的临时促销员，他能够连续一周时间每天的销售额高于 3000 元，而其他人只能达到 400 元左右；这也就是为什么同样都是大学生家教，他能够有一定的教学方法，将选择教材、分解教学单元、教学过程互动、安排课后作业、定期测试巩固做得很好，而其他人只能照本宣科毫无章法；这也就是为什么他能够保证超市干杂部门的销售额每天超过五万，而其他人不能。

所以，从小林的例子里我们很容易得出结论：真正能够提升你能力的不是你做的工作的种类，而是在工作的时候你是怎样思考的、思考的问题是什么。当你真正用心去做一项工作，并且积极主动地去思考工作中遇到的问题时，你也必将从中获得不菲的收益。

满腹才智　表达为首

时光，对于我们每一个活着的人来说都是绝对平等的。在这有限的时光里，有的人一生无所事事、光阴虚度，所以一生终了便毫无所获；而有的人则不然，他们时刻抓紧有限的时光，积极进取，以无私与无限的大爱情感，奉献于他人及社会。这样的无限与有限，如此巨大的人生对比，其差异是显而易见的。

时光有限，不容我们在任何环节拖沓。此前，关于正确目标的确立、正确人生观的树立、积极主动研修、实践检验真理等等我都一一进行了讲解。在此，以我个人浅见，我想提到一个在上述的实践过程中、每个人的人生历程中都必不可少的一项技能，那就是——比较完满的表达能力。

记得一个名叫×××的孩子。他的家在农村的深山孤寨里，小学一年级的他刚刚满了七岁，不像城里的孩子一样有人开车接送着上学，他只能一个人翻山越岭去五里以外的小学读书。遇上雨天，还要靠父亲背着他才能风雨无阻地去求学。凭着当时全家人的省吃俭用、父母的不辞辛苦、山区老师们的谆谆教诲以及他勤奋好学的不懈努力，他终于不孚众望，以每年优秀生的荣誉和优异的学习成绩，顺利地完成了小学和初高中学业，并于2013年秋季考入西南交通大学。

我依稀记得他刚刚入学时那腼腆的样子。穿着一般，言语不多，不善于表达的他和其他同学之间的交往也很少。经常他都只顾自己埋头读书，偶尔还表现出农村孩子特有的气质——孤傲。当然，除了他以外，班里也有家庭背景是大城市独生子女的学生，但是也或多或少存在着唯我独尊的自大，与人沟通交流不畅的自闭，不善言表的沉默寡言等现象。

我深知不善交流的偏极发展，难以应对未来社会的需求。对于个别这类问题表现较为严重的孩子，我感觉非常有必要在大学这有限的时光内，抢先进行扭转。

大学是一所充满现代化气息的时光机。在这里，师生之间有大爱，同学们之间有友爱，我们何不去用所有的爱，去敞开心扉，尽心地去学习，尽情地去表达，尽全能地去发挥呢？

于是，作为本班级导师的我，一边抽课余时间轮流约他和那些同学们热切交谈，一边细心地了解他们的现实思维状态，一边刻意且有针对性地安排了班级的集体演讲活动。在活动中，要求人人必须登台演讲，题材不限；在老师和同学们面前，要抛弃一切思想顾忌，各抒己见，尽各自最大的努力，向别人阐明自己所要表达的观点；表达力求既要生动，又要活泼，还要有说服力。

随着这种班集体演讲活动次数的不断增加，我特意关注×××同学的演讲表现。他在不断地克服在别人面前畏惧表达的心理障碍，由一开始时面红耳赤地说话和行为举止的羞羞答答，逐渐变得言语自如，表达流畅，行为端庄。直到现在，班级里有相当一部分同学的演讲口才，可称之为能言善辩，口若悬河。

我认为，一个人纵然拥有满腹才智，但在面对如此飞速发展的社会时，如果存在着表达交流方面的障碍，必然不利于自己融入社会，不利于自己发挥所长。而与人流畅的表达交流能力，必将是孩子们将来走向成功人生的必需要件和坚实的基础。否则，技能再高，若不善于表达，也只是等于零。

第三章 你们需要知道的事儿

◇ 除了专业课本，大学里还有
　 更广阔的天地
◇ 三人行，必有我师
◇ 诚信也需要胸怀
◇ 君子要胸怀坦荡
◇ 君子和而不同
◇ 字帖给我们的启示
◇ 成长本就是孤独的
◇ 大学生，我就怕你们不犯错！
◇ 实践提升理论
◇ 懂得为自己搭建平台
◇ 心有猛虎　细嗅蔷薇

除了专业课本，大学里还有更广阔的天地

很多学生一进入大学，就会给自己未来的发展制定很多规划，其中不乏考研、出国，或是在大学毕业之际拿到一份让自己满意、让身边人羡慕的好 offer。要为自己的未来发展做足打算，必不可少的就是对专业课程知识的认真学习，学生们自然也是在这方面下足了功夫。但不容忽视的是，无论是继续深造，还是步入工作岗位，社会对于人才的需求不仅仅局限于专业能力，更多的是对一个人综合能力的考验。

很多学生在面试过程中与 HR 交流，都会或多或少被问到这样的问题：大学里你还做过什么学生工作？你有过什么样的和专业相关的实践经历？这就需要学生们既要学好课本上的东西，又要把眼睛放在远处。幸运的是，现在的大学，越来越能够为学生们提供锻炼自我和创新实践的平台。

对于大学生，尤其是刚刚高中毕业步入大学的 freshman，他们从小到大接受了很多应试教育固有的学习理念，一时间并不能适应大学里面的学习模式。

曾经就有学生向我咨询过有关的问题，那是一个高考成绩非常不错的女孩子，她问我："老师，只要我把每门课的成绩都考出高分不就行了吗？为什么好多同学都要去做学生工作，还有不少去做竞赛、去企业实习呢？"

看着她还略显稚嫩的样子，我也反问她："我知道你的专业课成绩一向很好，那是不是所有课本上的知识，那些模型和公式，你都能完全理解呢？"

听到我这样的反问，她有些不知道该怎么回答，我又接着说道："真的到了工作的时候，仅凭死记硬背的知识可是远远不够的。你看很多同学都在忙着做学生工作，那可以锻炼你的策划和组织能力。很多同学在忙着实习，就能提早了解自己将来从事的工作究竟需要做些什么。做竞赛也是个很好的选择，像与我们经管学院有关的一些创业类竞赛就能够把你大学期间学到的东西和市场经济结合起来，真正做到学以致用。"

在大学期间，锻炼的机会很多。学生会、青年志愿者协会这样的学生组织和社团层出不穷，各类活动都能有效提升学生们的综合能力。像

这些学生组织中的外联部、宣传部等部门，经常有拉赞助、找媒体之类的任务，还会锻炼学生的表达交流甚至是谈判能力。

除了社团工作以外，对于很多想要提升自己专业能力和工作能力的学生来说，做一些学科类竞赛是非常好的选择。在我的鼓励之下，我的很多学生都参加了各类创业竞赛，像"互联网+""三创赛"等，不少人还取得了不错的奖项。经常有学生在做完比赛后开心地告诉我他们学到了什么样的东西，得到了怎样的锻炼。

就像我在前面文章里提到过的会计学的小李，她就在比赛的过程中将书本上的知识灵活运用，真正做到学以致用。并且，要想真正做好一个比赛，经营好一个项目，团队成员中不仅要有经济管理学院的学生，还需要有懂计算机编程、懂设计、懂工程的学生，大家在各司其职的同时，也自然而然地从其他专业了解到很多自己原本没有涉足过的领域。

当然，除了这些，大学中还有一类从来不被大家正视的东西，那就是选修课。我知道很多的学生修选修课只是为了凑够毕业的学分，从未将选修课作为一个值得重视的东西。但是，选修课却也是培养个人兴趣的重要途径。你要知道，在你的人生里，除了工作之外，唯一能够让你放松身心的就是你的兴趣与爱好了。很多大学生说不出自己的兴趣爱好在哪里，选修课就给了大家一个发现自己兴趣爱好的途径。

就像班级里的小婷同学，自小就练习舞蹈的她对于自己身材的保持极为苛刻，不仅一天三次称体重，更是将体重的数字精确到了小数点后两位，不允许有一点差错。她常常为了保持身材而节食，一度让自己患上了轻微的厌食症。为了改善自己的饮食习惯，她在大二的时候选修了一门讲授营养饮食的课程。她被课程的内容深深地吸引，一边钻研营养饮食搭配改善自己的饮食和身体，一边准备了国家营养师考试，并顺利拿到了证书。

就像班级里常年"混迹"于二次元的小五同学，他选修了日语课程，从此便在学习日语的路上越走越远，本意只是想着以后看动漫的时候不用再看字幕，结果不曾想无心插柳柳成荫，后来在他申请国外的留学院校时，日本的高校纷纷抛来橄榄枝。

大学就像是一个神秘花园，落英缤纷，五光十色，沿着大路观光的时候还会遇到很多的岔路，选择你喜欢的岔路就会发现流水、绿树、白塔、喷泉等不同的景致，这些都是大家应该去探索的更广阔的天地。

三人行，必有我师

大学里，学习的机会无处不在。

这是我深有感触的一点。在我的大学生涯中，有无数的人曾给予我帮助，我的老师，身边的室友，社团里共事的同学……在和他们的交往过程中，我也学习到了很多自己原本不具备的能力。因此，我也打心底希望我的学生也能够在团队合作中多看到他人的优点，学习他人的长处。

与他人合作参加竞赛就是一个互相学习、共同进步的过程。

过去的几年间，很多经济管理学院的同学组队参加了一系列电子商务创业类竞赛，作为多支队伍的指导老师，他们的成长和变化我都看在眼里。

曾经有两个经管学院的学生找到我，说他们想要组队参加大学生电子商务"三创赛"，请我担任他们的指导老师。那时候他们还处在比赛的准备阶段，既没有合适的项目选题，也不知道应该如何组建一支团队。在和他们的沟通过程中，我建议他们不要把目光局限在本学院，因为一个项目的产生和运营，往往需要多个具有不同专业知识的成员的协同努力，比如会设计的美工、会编程的程序员等。创业是脚踏实地的，仅仅依靠电子商务的理论还远远不够。

很快，根据我的建议，他们便组建好了一支比较"复杂"的队伍，除了最开始来找我的两名分别是信息管理系统和会计专业的同学以外，队伍中还有行政管理专业的同学、主修工业设计的同学和擅长编程、能做网站的同学。当他们再次与我讨论时，担任队长的王同学对于这支队伍充满了信心，他对我说："苗苗老师，我们按照实际运营项目可能需要做的工作来找的队友，这样我们既有做网站的，又有美工来设计需要用到的图片和视频，学行政管理的同学可以负责做一些统计和分析的工作。"当时的我，看到这几个踌躇满志的学生因为比赛而结缘，能够坐在一起为了共同的目标努力，也打心底为他们感到高兴。

有意思的是，在准备比赛的那段时间里，这几名学生不仅把自己分内的工作做得不错，甚至还对队友的专业感兴趣起来。文杰是信息学院的，在网站的设计和维护工作中，为了让同组的小伙伴们能更好地理解自己的工作，不停地向大家讲解网站后台是如何运转；行政管理专业的苹果经常做很多社会调研，同样也针对队伍运营的项目设计了问卷，还教会队友分辨哪些数据是可以反映问题的，要如何做出分析；羽希是 PS 大神，无论是做网站还是做 PPT 都少不了她这个美工，团队 logo 和队服都交给她来负责，学过摄影的羽希还给大家拍了团队照……

随着比赛的进程加快，学生们也在飞速地进步着，每次我们讨论项目进展的时候，都能感受到大家的成长：队长王同学和文杰共同讨论后台数据库的问题；苹果也学会了社会调查和市场分析结合；队伍里每个人都能听懂津瑶对财务数据的分析；大家也越来越能对羽希的设计提出改进意见……

队长王同学的变化是非常大的，有 次讨论中他对我说："苗苗老师，我发现比赛真的可以学到很多我们专业学不到的东西，现在我不仅知道文杰的网站是怎么运营的，还学会了 PS，做 PPT 也越来越得心应手！"看到孩子们在团队合作中不仅相处得十分愉快，还积极学习对方的优点和长处，作为老师，我也由衷地为他们感到高兴。

孔子曰：三人行，必有我师。对于孩子们来说，能够做到彼此肯定、互相学习，本身就是一个成长成熟的过程。

诚信也需要胸怀

虽然我是孩子们的班导师，但是有一件事情我一直没有做过，那就是关注孩子们的成绩。无论是分数也好，绩点也罢，我从来没有试图用这样的数字去评价我的孩子们，这不仅仅是因为分数不代表能力，更不能代表一个人，还有一点就是个别学生的成绩并不真实。

大学生考试作弊的现象存在已久，电商班的孩子们也不例外。有的孩子会在考试的时候作弊，也有的孩子从不以任何方式作弊。诚实的孩子只想通过自己的努力好好生活和学习，可是有时候会出现这样的结果——努力的考不过作弊的。

被孩子们公认为学霸的小青就曾经遇到过这样的苦恼：努力学习，牺牲了很多娱乐的时间，背负着学业的压力，还要忍受别人的闲言碎语，甚至连最后的分数都没有作弊的高。

虽然这些事情很不公平，但是小青还是能够坦然接受。她从来没有怀疑过努力学习的正确性，就如同她不认为作弊是可行的一样。但是，在她大二的时候接连发生的几件事情让她开始有点迷茫了。

第一件事情发生在"数据库原理"的课程上。孩子们所选修的数据库原理的课程分为理论部分和实验部分，实验部分的考核方式是完成一个医院信息系统的设计。小组成员需要构建数据库，完成系统页面的编程工作，撰写说明文档，并在考核的时候展示数据库与系统的运行过程。

小青所在的小组查阅了很多资料，参考了很多网络上共享的开源系统，熬了好几夜才完成了整个系统的代码编程。数据库的部分也是由组员亲自编写，逐条录入数据，并一一建立表格之间的相互关系。小组成员们反复讨论多次才最终定下数据库的结构，仅仅是数据库，小组就反复建了五次之多。在最后的课程考核上，小组也表现良好，数据库逻辑清晰，系统运行流利。然而，小青小组最后只得了82分。

最让小青觉得不公平的是，班级里所有自己编写系统的小组得分均不高，而那个得到最高分98分的小组，他们的系统是直接拿网络上已有的开源系统进行简单修改做成的，数据库更是直接用的网络上的模板，几乎没有任何改动。

第二件事情发生在"网络营销"这门课程的考核上。"网络营销"课程的老师很重视实践，于是课程的考核方式就是小组通过网络营销的手段进行营销实践。

　　小青所在的小组做的是一个以西南交大为目标市场，以淘宝网店为依托的闲置物品寄卖项目。虽然一个学期下来没有实现盈利，但是淘宝店内的美工、装修、商品上架、货源的联系、与交大内实体店家的合作等等都是由小组成员亲自完成的。但是老师一直觉得小青小组的工作量不够，对项目也不看好。

　　而另一个小组在第一次项目展示时是一个关于电脑的项目，而在中期检查的时候却换成了一个在淘宝上卖珠串的项目。老师对于项目的更换并不是很在意，甚至在最后的考核时还对他们的创意提出了赞赏，然而小青却意外发现，他们小组所介绍的那一家淘宝店的开业时间是在两年之前，而不是在当时新开的。

　　这两次事情一度成为小青学习路上的障碍，她甚至开始怀疑是不是投机取巧才是正确的。

　　第一次听小青跟我说起这两件事情是在孩子们大三快要结束的时候，两件小事已经过去了很久，很多细节已经无法考证。我无法知道，那个拿到高分的系统是否真如小青所言，只是进行了简单的改动，还是改动虽小，但是都是关键之举，足以让整个系统脱胎换骨；我也不知道，那个淘宝店铺是不是真的是其他人在两年前开的，还是就是该小组的成员在两年前或者当时自己开的。虽然我无法确定到底是小青误会了同学，还是同学真的投机取巧伤了小青的心，但是对于那些真正遭遇过这样不公平事件的或者正在遭遇这些不公平事件的人来说，管好自己的心情，摆正自己的心态才是最好的解决方案。

　　那些习惯于走捷径和善于投机取巧的人，他们自身对于捷径的依赖性和性格上的投机性，会让他们在进入社会之后也很难改掉这些毛病。我不得不说，在社会生活中，善于走捷径和投机取巧的人还是有很大的发展空间的。然而，就如同那句老话说的，"是金子总会发光"。一个真正优秀的人总会找到能够让自己发光发热的舞台。

　　将目光放长远一些、宽大一些，走捷径的人或许会在一段时间里走得比你远，但是往往随着时间的推移、知识的积累，你的路会越来越顺，而他的路却会越来越难。学会将这些事情看开点，不仅仅是一种眼界，更是一种胸怀。

君子要胸怀坦荡

毕业季总是有很多的聚会，三两人小聚、七八人大聚，而我受邀参与了电商班分离前的最后一次全班聚餐。灯火恍惚、觥筹交错，男生们喝了不少的酒，有些醉了却依旧拉着兄弟的胳膊，说"兄弟，咱俩再来一杯！"女生们有些三三两两地抱成一团说着悄悄话，有些却在一旁默默地看着，悄悄拭去眼角的泪水。

就在气氛从兴奋逐渐变为感伤的时候，一个男生一手摇晃着酒杯一手拿着酒瓶走到一位女生面前，对她说："小尹，有件事儿我要跟你说对不起，我自罚三杯酒！请求你的原谅。"说罢，便自顾自喝完三杯酒，留下小尹在风中凌乱。

"小军，你是不是搞错了？我们之间有什么误会吗？"

"不是的，这件事儿是这样的……"

小军的故事在朦胧的气氛中缓缓道来，大家都在认真听着，而我的思绪却飘向了几个月之前事情发生的时刻。

时光就像是一只被翻转过来的沙漏，伴随着时光机"滴答滴答"的脚步声慢慢走到了大四。大四的那个秋冬发生了很多的故事，保研就是其中一件。

我，作为一名老师，一直认为保研是大学生生涯中最为"公平、公正、公开"的一件事儿，因为这本来就应该是一件"公平、公正、公开"的一件事。无论是从学校、学院的角度抑或是从学生个人的角度来看，保研都是一件非常严肃的事情，要求所有人参与保研的学生以及相关人员都要认真对待。而就是这样的一件事情，差一点儿让我的两个孩子"反目成仇"。

电商班在四年里经历了几次人员变动，有人走也有人来，统计有保研资格的人数为27人，按照学院15%的保研率，电商班今年有4到5个人能够拿到保研名额。而差点儿"反目成仇"的两个孩子就是班级综合排名第四的小尹和综合排名第五的小军。

9月中旬，保研就已经开始了，有意保研的同学都已经开始准备申请材料，等待着经过层层审核，确定自己最后的综合排名分数。而这时，小军却因为这样的一件事儿苦恼着。

　　小军裸分排名第五，与第四名的小尹仅仅相差 1.5 分，而小军的全部加分满打满算也只有 4 分。如果保研名额只有 4 个，并且小尹的加分超过 2.5 分的话，小君就将失去保研的机会，所以他非常着急，心心念念想要知道确切的保研名额和小尹的加分。

　　就在那时，有一位研究生学长通过 QQ 联系了小军，告知小军他手中有一个某某某比赛的省级一等奖，可以 7000 块钱"转让"给小军，用来作为小军保研加分的名目。根据学校的保研加分规则，一个省级一等奖可以加 3 分。然而，小军坚定地拒绝了。不曾想后来在保研综合成绩加分详情公示的时候，小军却意外地发现那个奖项出现在小尹的加分名目上。这不禁让小军想起学长和那灰暗的交易。

　　"小尹的奖项是买的吗？"小军思前想后，辗转反侧。他尝试着联系班长、学习委员、小尹的室友、大赛的组委会，甚至是当初想要"转让"奖项的学长，想要弄清楚小尹是否参加了那个比赛并且拿了奖，但是却没有得到任何准确的答复。眼看着公示期将要结束，小君敲响了我办公室的门，向我寻求帮助。

　　了解了事情的原委，我试着开导小军："小尹是个好女孩儿，你觉得她会买奖项吗？"

　　他看着我的眼睛，吞吞吐吐地说："我不知道。"

　　"为什么你不相信她呢？"我问道。

　　"因为……"他一直紧盯着我的双眼一下子偏离的视线，慢慢地说，"因为，我其实差一点就向学长购买那个奖项了。我连我自己都不敢保证，何况是别人。"

　　听到小军的那个回答我很是诧异，小军一向为人正直，讲情感又重义气，却差一点在这件事情上犯了糊涂，这是我始料未及的。

　　"但是，尽管你差一点儿就犯了错误，但是最后不也没有犯吗？"

　　"可是，我问那个研究生学长小尹有没有参加那个比赛并且拿奖，他说不知道……"

　　"或许他真的不知道呢？"我微笑着看着他，"这本就是一个本科生的比赛，他一个研究生也就是挂个名罢了，可能他根本没有参与其中，自然不知道团队中有哪些人。更何况，你应该相信小尹，因为你最终还是拒绝了他，那么小尹也肯定会拒绝的。"

　　小军想了想，忽然长长地舒了一口气，说："肯定是我以小人之心度君子之腹了。从今年三月份开始，小尹积极报名参与了很多比赛，虽然一直没听说她拿奖，但是她每日早出晚归，在班级群里也是早有耳闻。五月份的时候，小尹还从学习委员那里了解了我们班的综合成绩裸分排名，她从那个时候便开始着手考研事宜，听班长说她不仅每天去图书馆自习，还报了考研班。现在的比赛决赛大多在七八月份，时间也刚好对得上。"

"那你不相信那个学长说的话啦？"我问。

"那个学长我早就听说过，本科生的时候就喜欢在各大比赛里面滥竽充数，混得了很多奖项，研究生时更是喜欢凭借与老师的密切关系，拿着老师 SRTP 的研究成果四处为各类比赛项目提供'技术支持'。他的人品、口碑都很一般，不然又怎会干出'转让奖项'的事情。我怎么能因为这样一个人怀疑我的同学呢？"小军撇撇嘴，为自己怀疑同学而感到抱歉。

"你能想明白就最好了，其实我一早就知道小尹拿了这个奖项，她们项目参加省赛的时候出了一点小问题，小尹私下里问过我，后来拿到奖之后，小尹也给我打了电话。"

我微笑着看着小君，继续说："我之所以要跟你绕这么大一个圈子，就是希望你知道，君子要胸怀坦荡，不要轻易地去钻制度的空子投机取巧，也不要轻易地质疑别人，怀疑别人的成绩，嫉妒别人的优秀。"

最后，事情的结局当然是皆大欢喜，电商班保研名额五个，小尹和小军均在其列。

保研是一件大事，重要程度几乎可以改变一个人的命运，在这样的一件事情上，虽然有人会尝试着走偏门、投机取巧，但更多的人还是在依靠自己的实力为自己争取那珍贵的名额。大学，本就应该培养出胸怀坦荡之君子，而非投机取巧之小人。

君子和而不同

成长对于一个人而言往往意味着成熟、理性以及对于未来的确定。影响一个人成长的因素很多，既有来自家庭教育、学校教育的正面引导，又有来自社会或其他方面的负面影响。

在西方电影中，有很多的故事都讲述了人性成长中非理性、偶然性以及不确定性的一面。在西方人的观点中，人之初本就不是单纯的善或者恶，而是一个善恶同生的混合体，而你最终成为一个什么样的人，是由你在与成长环境的交互中吸收了更多的善或是恶而决定的。当然也有一种很意外的情况，那就是一个人的"恶"可能会在某一种情况下爆发出来，改变了已经规划好的人生。

造成上述那种意外情况的原因，很大一部分是受到了外来因素的影响，对应在人际交往上，那就是古人所说的"近朱者赤，近墨者黑"——和怎样的人交往，你就容易变成怎样的人。

我曾经在一本讲述大学生成长的书上看到过一个这样的比喻，一个不好的朋友就像是一条臭水沟，而良师益友就像是一堵墙，漫长的成长之路就像是一个醉汉行走在黑夜里，路的一边是墙，而另一边是臭水沟。当第二天醉酒醒来，你有可能倒在墙边，也有可能掉进臭水沟里。如果要问第二天你最有可能在哪里？答案是臭水沟里，因为墙会扶住你不让你跌倒，并让你慢慢往前走，而臭水沟就是在等着你失足掉进去！

这个比喻很形象，也貌似很有道理，但是我给大家说这个比喻的目的并不是想要让大家把生活中的朋友们都打上"墙"或者"臭水沟"的标签，并且彻底远离那些所谓的"臭水沟"。因为在生活中，真正是"臭水沟"的人往往不多。即使是你真的遇到了"臭水沟"，只要你不掉进去，你也不会发臭。也就是说，当你在与人相处的时候需要把握一个"度"，而这个"度"用孔子的话来说，那就是——君子和而不同。

在大学中，我们往往很难遇到行为很恶劣的人，那些对身边的朋友有负面影响的人，无非就是要么性格过于傲骄不好相处，要么就是做事过于自私惹人不满，再严重一些无非就是胸无大志、行为懒散，但是他们都不足以达到需要我们敬而远之的程度，也许换一个角度你就会发现他们也有优点。

在大学生活中，有很多同学总是会抱怨自己的颓废与堕落是身边的谁谁谁感染的。其实我想说，这样的想法是不是在用贬低别人的方式为自己的颓废和堕落找借口？大学是一个提升自我的平台，真正不想颓废的人早已经找到了无数种方式来提升自己，根本不会去抱怨任何人。

人类的生活是一种群居生活，小到大学寝室里的几个人，大到社会里的几亿人，大家都生活在同一个空间里。每一个都会有自己的行为方式和生活习惯，人与人之间的不同，往往会造成摩擦与冲突，但是我们应该学会在人际交往中与他人保持一种和谐友好的关系，与此同时，在对具体问题的看法和做法上也不必苟同于对方。这就是"君子和而不同"的道理。而所谓的"同而不和"，则是指小人习惯在对问题的看法上迎合别人的心理、附和别人的言论，但在内心深处却不以为然的态度。

总而言之，学会与他人相处是一项生存的必备技能，并且这一技能不能依靠回避某一类人而得到加强，我们只能在和不同的人的交往中慢慢学会，并摸索出最适合自己的待人之道。而尽量保持真诚的待人态度，则是能和大多数人保持良好关系的前提。

字帖给我们的启示

还记得刚刚学写字的时候，字体总是歪歪扭扭，一点也没有框架。这个时候爸爸妈妈们总会给我们买一本字帖，让我们一个字一个字地进行描红、临摹，学会别人的布局和结构，直到我们能够写出一手好字。

模仿——这就是字帖给我们的启示。

对于一些有目标却没有思路和方法的大学生来说，模仿是一个很棒的方法。或许你只是想成为一名学霸，却不知道怎样去学习，模仿他人的学习方法就是一个良好的开始；或许你想成为某个行业的佼佼者，却不知道应该怎样提升自己，模仿一个已经取得一定成就的人的做法，不失为一种好的学习方式。

大一时，孩子们刚刚进入大学的社团，对于社团工作的概念以及具体工作都不熟悉，他们不懂得如何写策划，也不懂得如何举办一个完整的活动。这个时候，社团的副部长和部长们，往往就担任了一个被模仿者的角色，孩子们模仿他们写策划的格式来写全新的策划，模仿他们举办活动的流程来举办新的活动。

模仿，说起来简单，但要做到有意义的模仿还是很难，因为稍不注意，模仿就会变成抄袭。就像是临摹字帖一样，除非是刻意仿照他人书写风格的，一般来说，大多数人依靠临摹字帖习成的书法风格，都会与临摹的风格不太一样，因为其中包含了自己的书写风格。在其他事情的模仿上也是一样，有自己的思考和改动，才是有意义的模仿。

大多数人在做 PPT 的时候，喜欢套用现成的模板，这就是一个典型的模仿行为。制作一个精美 PPT 的过程，也就是完整并且有意义的模仿过程。

首先，你需要自己动手。因为直接拿别人的 PPT 来用，并且不加任何的修改，这不是模仿而是抄袭。其次，你要选择一个最佳的模仿对象。就像制作 PPT 时要选择一个风格与主题相搭配的模板一样，选择一个良好的模仿对象非常重要。然后，模仿应该由难到易，不要妄图一步登天。就像很多人觉得有动画的 PPT 更加生动形象，就会刻意去套用这样的模板，但是自己的操作水平却还停留在只能修改 PPT 上的文字的程度，这样的行为必然会增加模仿的难度。我们应该学会循序渐进地模仿。最后，模仿最重要的一点，就是要模仿成功。既要在最终的成品里体现出自己的东西来，又要通过模仿过程让自己学会了制作的流程，这才是模仿的意义。

凯旋是电商班的班长，也是我们班上一个做 PPT 特别好的同学。即使是使用相同的模板做成的 PPT，他的作品也会比其他人的优秀很多，因为他总是会充分考虑 PPT 上的每一个细节，将版式、字体、线条、形状、修饰、文案等一一搭配妥当。模仿的过程，不仅让他在色彩搭配、字体选择、细节修饰、精简文案、视觉化组织素材等方面受益匪浅，更为重要的是，他学会了在模仿中找到创新的灵感，将模仿变为自己的创作。

学习的过程就是一个模仿的过程。即使是在未来的工作中，模仿也是我们学习新技能最好的方式。待这种加入了思考的有意义的模仿行为，成为你工作学习时的一种行为模式时，我相信，你会在同等环境中比其他人表现得更加出色。

成长本就是孤独的

在大学里，要问谁最了解你，莫过于你的室友了，他们可能会比你的父母更加了解你的真实情况。这就是大学里最为亲近、最为融洽的室友情。交大的寝室都是四人间，在一间不太大的房间里同住着四个性格各异的孩子，他们一起生活四年，成为最了解彼此的人，并一起见证彼此的成长。

在我带的班级里，有着这样一个模范寝室：同住一间房的四个姑娘，她们分别来自不同的四个省，她们身材不同、个性不同，有着不同的喜好和兴趣。但是，这些都不影响她们成为很好的朋友，喜欢看韩剧的小琳也会乐于听小青跟她讲当红漫画《一拳超人》中的段子，偶尔在寝室打打网游的阿狸也会帮助学霸小星解决头疼的编程问题。

就在这样一个其乐融融的寝室，这样形影不离的四个人，却终于在某一天有一个人脱离了大家，开始了一个人的旅程。这个人就是小星。

小星是一个非常自信并且目标明确的人，在大学的一开始，就已经做好了大学的规划。她非常明白自己想要的是什么，并且她也一直保持着本心在努力。和班上其他同学不同的是，小星大学的第一个目标不是不挂科或者拿奖学金或者其他，她希望自己能够在大一结束的时候，顺利转专业，进入那个她最为感兴趣的电气专业，并将其发展成为自己的事业。

转专业的目标让她承受着比大多数孩子都更为巨大的压力。在本专业的学习上，她不仅仅需要不挂科，更需要门门优秀，并且一旦成功转入电气专业，她就必须要补修电气专业大一的课程。由于交大各个学院之间的社团相互独立，社团内部的晋升又比较严格，她不想自己因为转专业而浪费进入社团学习的机会，她加入了学院里自己感兴趣的辩论队，开始了社团生活。

在大一的下学期，她为了减轻大二转专业后的学业压力，选修了电气专业的课程，调整了自己本专业的课表。她的上课时间开始和寝室的其他人不一样，当大家都还在睡觉时，她已经在教室准备上第一讲课了，甚至有时候她一整天也没有和寝室的其他人一起上过一次课。辩论队的比赛也开始了，她常常熬夜和队友们谈论辩题，深夜才一个人回到寝室，那个时候大家都已经入睡了。

再后来，她成功转了专业，进入电气学院。再三斟酌之后，她还是选择了换寝室，搬到电气学院的女生寝室去住。而我和她的长谈，也就发生在她搬离原来寝室的两个月之后。

那一天我偶然看到了一条她的朋友圈动态，她说一个人吃晚餐很没有意思，希望有人能跟她"约饭"，再加上孩子们偶尔会说起她的孤独，于是，我就有一些先入为主的感觉，毕竟我们师生过一场，她可能过得很孤独。所以，我开始和她聊天，也逐渐了解了她的情况。然而，她却告诉我这样一句话："我不孤独，虽然成长本就是孤独的。"

她说，虽然没有熟人陪伴着一起上课，但是上课的同学都很好相处，也很乐意接受她加入他们的团队；虽然没有人在她失落时陪在她身边，但是只要她一通电话就会有人给予她鼓励。她说，她觉得最孤独的时间，就是吃晚餐的时候，因为在忙了一整天之后，真的很需要有个人陪着说说话解解乏。

成长本就是孤独的，特别是当你的目标和朋友们都不太一样的时候。你需要一个人上路，一个人去坚持，一个人去拼搏，就像是一段艰苦的旅程，你不能只当心脚下的陷阱，更要享受路边的花香。

成长本就是孤独的，而这孤独是你一个人的盛宴，只有你一个人去享受。

大学生，我就怕你们不犯错！

或许在传统的教育里，无论家长或老师都教育孩子，不要犯错，不能犯错。但是，在新时代的大学里，或许这样的观念已经过于陈旧。犯错，或者说试错，应该是每一个大学生都应该经历的。

回想孩子们的大学四年，他们犯过的错误层出不穷，原因更是千奇百怪。有的是因为马虎忘记了重要的考试，有的是因为冲动做了错误的决定……无论是哪一种错误，无论是因为什么原因，这些错误都会教会孩子们应该怎样去面对与之类似的情况。也许错误本身会给犯错的人带来痛苦和悔恨，但随之而来的经验和教训，使得错误也有了价值。

孩子们所学的电子商务专业在 2013 年之后进入了一个创业的高峰期，移动电商、三农电商、互联网金融、电商物流、康养电商、母婴电商……各种类型的电商产业开始兴起，无数的人加入到创业大军当中。

伴随着中央"大众创业，万众创新"的号角，班上的创业达人——"余老板"也开始了他的创业初体验。他从大二开始尝试各种不同的项目，从最初简单的"交大物流"到"新疆瓜果"，再到后来的"新时代"大学生导购平台，他的项目越做越复杂，同时也越做越好。就和所有创业的人一样，他也常常犯错，但是也正是这些错误引领他一步步走向成功。

"交大物流"项目虽然涉及很多环节，包括与商家洽谈、人员招募、人员组织等，但是其中最为复杂的还是商家洽谈方面。因为学校里面的外卖商家其实是有自己的外卖配送人员的，并且费用也不高。因为商家们很难评估成本的高低，因此很难接受统一配送的建议。同时，与商家洽谈并形成合作伙伴关系是项目开始的第一步，这第一步的好坏就直接关系到项目的成败。

最开始，他们与商家的洽谈并不容易。一些商家以外卖不多推辞，有些则是不太信任孩子们的团队，更有甚者是直接拒绝。结果第一轮洽谈下来只有很少的商家答应与"交大物流"合作，虽然合作的商家不多，但是孩子们还是开始了项目的运营，并以实际的成效证明了"交大物流"全新的外卖配送体系的优势。在项目进行到第二阶段，孩子们又开始了新一轮的商家洽谈，这个时候孩子们就学会了针对商家的需求提供相应的服务，把自己的优势完完全全地展示给商家，最终第二轮洽谈的几乎所有商家都同意与"交大物流"合作。

第一轮洽谈时失误所得到的经验与教训，不仅仅让团队在第二轮洽谈中大获全胜，更让余老板在第二次创业实践时如鱼得水。"新疆瓜果"项目就是需要与新疆本地种植瓜果的农户合作，有了上一次的经验，这一次当然容易了许多。

大学时期，就是一个人不断发现自己，然后尝试各种不同的工作、角色，最后纠正自己的最佳时期。就像是那句老话说的——在大学犯错误的成本很低，错了不要紧，一切都还来得及从头开始。而且在大学里有博学的老师，有经验丰富的学长学姐，当你面临错误不知所以然时，还有他们为你解忧指路。

发现自己的过程，就像是大家小时候都玩过的迷宫游戏，当一条路走不通的时候，只能往回走寻找新的路径。但是，人生的路有着时间的限制和回头的成本，时间越紧张，成本也就越高。所以，试错也就变得尤为重要。在你还有时间犯错、犯错的成本也很低的时候尽可能犯错，目的是减少以后犯错的机会，这也是大学时期我们应该做的。

实践提升理论

梦想，不是指凭空的想入非非，而是源于理论联系实际反复实践的目标，即在放"矢"之前，胸有成竹的"的"。

对于一个教者或学者而言，在树立这样一个"的"之前，只有利用本身所学到的基础知识，密切联系社会实际，经过反复验证修正，方可求证其与实际的适应性和正确性，方可达到学以致用的目的。否则，梦想就真成了一种空想！

工商管理，是我在本院校引导学生们所探讨的学科之一。如今全球所面临的商业大变革现状，瞬息万变，市场经济竞争激烈，仅凭之前那些书本知识资源之"盾"，明显难以应对当今洪水猛兽般的商改之"矛"。为此，我们师生在不断改变着教与学的方法，不断深入社会实际，反复验证书本上的理论知识，不断改变理论与实际的差异性，力求验证其在现实实践中的适应性。

譬如，有些学生们利用有限的课余时间，对市场竞争的现实情形，通过断断续续的实践，在企业调研总结报告中写道："营销，整体规范的运营管理是重要的前提基础，产品质量是企业发展的血液，效益稳步提高的销售是正常运营的体现，合情合理的有效服务创意才是企业营销的灵魂，市场与客户的需求就是企业生存的命脉。"

又如，有的学生在班级的理论与实践总结座谈会上这样讲：他有一位搞销售的朋友经常说，想做一个出色的销售人员，既要懂市场，又要懂产品、懂技术；既是销售策略的规划师和谋划者，也是销售工作的执行者与推动者；既要了解客户的关键需求，也要把握客户决策人的性格特征和兴趣爱好及价值取向；既要有卓越的沟通能力、敏锐的洞察力、快捷的反应能力、果敢的决策能力，也要具备人脉管理能力、资源调配能力、过程管控能力等。这样不断更新市场经济观念，才不会被冲击市场的大潮所淘汰。

再如，有位学生兴奋地谈到他的阅读简要笔录与感悟：近年来，面对"井喷"式的电子商务和移动互联网的发展，其关键在于不断地解决好商家与客户的关系，即解决在客户关系管理中出现的疑惑和遇到的难题。同时，他择要讲述了一些重点词语在现实中的内涵，类似"电商""互联网思维",古今"天时、地利与人和"的区别,如今有许多创业者,因"弹药"不足,被种种困难直接打回了原形等。

　　学生们如此种种不拘一格的积极求学态度和理论联系实际的亲身实践与感悟,可见他们对各自理想的追求和学以致用的态度是何等热切。这也是我们作为人民教师为祖国未来培养人才的初衷。

懂得为自己搭建平台

无论你多么优秀，你所有的表演都是站在舞台上完成的。没有舞台，没有聚光灯，任你光芒万丈、本领滔天，你也无法告诉台前的观众，就是身边也没有人会认同你高超的演技和实力。岗位工作也一样，到底应该如何让周围的人认识你，并且认同你的能力？是默默无闻地记笔记，练内功，下定决心一定要超过对手？还是一味地被掩埋在别人的光芒下？想要自己站上高台大放异彩，这就需要为自己搭建一个展示风采的平台。

实习，就是检验孩子们搭建平台能力的一种绝佳途径。在去重庆进行专业知识实习的路上，我和另外一名指导老师就反复向孩子们强调："学习不能纸上谈兵，要以实践为基础。我们这一次的实习会参观很多的公司，会对电子商务的整个运营流程进行详细的了解，期间会有企业的主管为我们讲解其中的要点。大家一定要抓住机会，与主管们进行深入的学习交流。"其实，这也就是在暗示同学们如果想要在企业主管的面前表现自己，就需要首先拥有一个良好的平台，而这一平台就需要孩子们用良好的学习态度、礼貌而又适宜的专业提问以及具有创新性的想法去搭建。

在实习的过程中，孩子们的表现迥异。在企业主管讲解时认真听讲，对比较有创新性的或是不懂的地方详细记下笔记，在最后的提问环节抓住机会反复探求发问；有的孩子更是默默记下了公司主管的邮件地址，在整理好自己的思路之后，用邮件去沟通新的思路与难解的疑问。

还记得实习的最后一站，我们去了重庆的华龙网集团，在那里孩子们第一次接触到了社区电商这一概念，并且真正看到了电子商务的后台运营情况。重庆华龙网集团的社区电商服务有一个很大的创新点，就是其可以将智能社区与社区电商紧密地结合起来，并凭借五公里内免费物流的优势，将社区电商的快捷性与安全性充分发挥出来。

华龙网的社区电商新理念，大大地激发了孩子们无穷无尽的创造力。他们与主管进行了非常深刻的交流，对智能社区的实现条件、目标客户群、市场份额等等，都进行了详细的询问，并对社区电商的运营流程、网络后台的商品维护系统、物流配送等提出了很多独特的想法。当时，只是因为时间有限，他们只得记下主管的邮件地址，在回到住宿点之后，将一路上讨论出的结果，用邮件的形式发给对方。

平台的搭建，采取什么样的形式并不是很重要，只要你心中有了这样一个搭建平台并且展现自己的意识，往往你就会有很多途径去实现它。或许在实习的过程中，那一句句热情的提问以及一封封深思熟虑之后的邮件并不能引起主管们的关注，但是这却是孩子们第一次向他人展示自己的开始。我相信我的孩子们都是优秀并且奋进的，他们在未来一定能够用一切合理合法的方式，去尽力搭建展示自己的平台，并且在那个舞台上大放异彩。

心有猛虎 细嗅蔷薇

很多参加比赛的团队，在初期的准备阶段，都遇到过这样一个难题：如何拟定参赛项目？

因为经济管理学院的学生参加的大多为电子商务创业类大赛，因此就要求学生们的参赛项目既要有创新创业精神，同时也要符合市场的需求，也就是要有一定的经济效益。这对于初出茅庐的在校大学生来说，还是比较有难度的。因此很多学生组队之后找到我的第一件事往往就是，希望我能够在比赛选题上给予他们一些意见和帮助。

而一般情况下，我给我的学生们的建议是：着眼于生活中的细节。

在这里可以讲述一个关于我的学生们是如何从生活细节中找到市场需求的故事。

在有一年的大学生"三创赛"准备阶段，几个孩子找到了我。和其他队伍不同的是，他们已经有了自己的一些想法。在和他们交谈的过程中，我了解到，他们打算制作一个针对大学生学习资料的"云打印"业务：在线申请打印，之后可以在校内的打印店自取或由商家送货上门。

很显然，这样的业务虽然在当时还算新颖，但不仅赢利点不充分，市场的需求不明确，而且项目的运营过程本身也存在一些漏洞。

于是，我向他们表达出我心中的顾虑和看法：单一的"云打印"业务很难作为项目的赢利点，项目的前景也需要明确的市场分析。因为这支队伍把目光集中在了校园电商，因此在讨论的最后，我建议他们不要好高骛远，多从生活中的细节入手，多问问身边的同学有哪些需求。

孩子们的效率很高，很快他们就制定了与项目有关的调查问卷，不仅在校内四处分发，更是通过网络，联络自己五湖四海的同学们都来填写。数据回收工作结束后，通过分析，他们才发现，原来同学们对于学习资料"云打印"业务的感兴趣程度，远远不及自己预想中那样高。相反，大家对于能够配送上门这项服务感到很新奇，觉得便捷又省力，而这一环节，恰恰是被这几个孩子一开始忽略掉的。

孩子们又一次找到了我，阐述了他们遇到的瓶颈。经过我们的一番讨论，最终决定将项目的重点放在校园配送这个环节，并且扩大我们原有的业务种类。而至于如何扩大原有的业务，增加什么样的业务，还需要孩子们仔细观察身边同学们的需求，从中寻找商机。

等到孩子们再次找到我，他们已经有了新的想法。他们发现，同学们不仅对学习资料的配送有需求，对很多其他服务的需求更大。同班的李同学一直想考剑桥商务英语，奈何即使自己"高薪聘请"也一直找不到合适的同学陪她练口语；张同学计划每晚都跑步健身，结果一直缺人"陪跑"，最后计划不了了之；王同学是个吉他高手，想做兼职教人弹吉他，但是找不到合适的学生……面对身边同学们的问题，孩子们恍然大悟：大家之所以有这样的困惑，是因为没有一个平台将他们联系起来。

于是，很快这样一个平台就被搭建起来，孩子们制作了这样一个网站，在校学生登陆上去，就可以发布自己的需求或是有偿帮助别人完成任务。而之前的学习资料"云打印"及配送，也作为这个平台的服务之一，方便大家的日常生活。

后来，靠着这个参赛项目，孩子们在比赛中取得了不错的成绩，更让他们感到欣喜的是，真的有身边的同学通过他们的网站获得了帮助和服务。

孩子们之所以能够从一开始简单的想法，到后来实现网站的一系列功能，将项目完整地呈现出来，很大程度上是因为摒弃掉之前的"想当然"，改从身边的实际需要出发。正是因为看到了生活中人们的需求，才意识到自己之前策划中的问题和漏洞，才能从中发现一些新的点子、新的想法。

的确，这样的道理不只体现在参加比赛中。作为老师，我遇到过无数拥有雄心壮志的学生，他们在想象中为自己的未来构建出美好的蓝图。"老师，我想要去读××大学的研究生。""老师，我觉得自己应该拿很好的 offer！"孩子们"初生牛犊不怕虎"的精神值得鼓励，但我也希望他们能够低下头倾听自己内心的声音，然后踏踏实实地走脚下的路。

英国诗人西格夫里·萨松在《于我，过去，现在及未来》中说："In me the tiger sniffs the rose."诗人余光中将它翻译为："心有猛虎，细嗅蔷薇。"寓意为既拥有忙碌而远大的雄心，也会感受生命中细节的美好。希望我的孩子们也能拥有这样的心境，无论是在人生的巅峰还是低谷，都能静下心来感受生命中的一点一滴。

第四章　一个老师的自我修养

不要让任何一个学生有被遗忘的感觉

2014 年 7 月 4 日，我带着 43 个大一新生来到了烈日杲杲、暑气熏蒸的火炉——重庆，即将开启的是让孩子们充满无限遐想和憧憬的大学生专业认识实习。

在从成都开往重庆的火车上，孩子们一路上欢歌笑语、激情四溢，虽然我只是默默地看着他们说笑打闹，而心却被他们带回了 10 年前的葱茏岁月，无数欣喜而温情的回忆，开始在脑海中回放。

时代变迁，但是群体的结构组成却很难改变。每个群体中似乎总有被忽视的人，每个团队中似乎总有需要被特别关心的成员。而在此次认识实习的团队中，我在无意中发现了一个与众不同的孩子。在她表面的欢笑之余，似乎有着更多的情感。

实习结束前的那个晚上，我邀请孩子们一同聚餐。我端着饮料跟每个孩子碰杯致意，但依依（就是那个我感觉与众不同的孩子）却对我的热情邀请无动于衷，她瓶盖没开，杯子没举，言语未发，表情未露。好不容易在其旁边同学的低声劝说下，她才拿起没开盖的饮料瓶，只是撞了一下，之后竟转身离开。

我马上跟着她回到了实习的住宿房间，在敲开房门之后，我们发生了如下的对话——

我问依依："依依，有什么事情，能跟老师说说吗？看到你一整天都闷闷不乐，是不是有什么心事啊？"

依依回答道："没事，真的没事。您赶紧去吃饭吧。"

我不甘放弃，继续问道："我觉得你今天一定有话要对我说。如果你遇到什么困难，请你讲出来，或许以老师的能力没有办法解决你的困难，但是可以做一名倾听者，我可以帮助你释放压力。"

依依低着头，缓缓地说："可是我为什么要告诉您？这么多年，我从来都没向任何人抱怨过我的困难。我的痛苦都是我自己扛的。"

…………

在经过费尽口舌、绞尽脑汁，长达 20 多分钟的苦心劝说之后，我竟然无功而返。她给我的，仍然是那句话："我的苦我可以自己扛。"

作为老师，对学生的困难无计可施，甚至无法让学生打开心扉诉说心里的委屈，我不禁想问，到底是什么抑制了他们对我敞开心扉的勇气？

无计可施的我，跑到外面买了点面包和牛奶，打算先让她填饱肚子。没想到过了几分钟，她居然来敲门，要把吃的还给我。我根本不敢想象，在依依的心目中，人民教师到底是怎样的形象？在她心里到底堆积了多少对老师的怨恨和对学校的不满，以至于居然连一份简单的晚餐都不肯接受！

我俩尴尬地站在我的房间门口，楼道里传来同学们上楼的声音，我怕她会觉得不好意思，赶紧说："依依，我可不可以邀请你到我的房间里坐一会儿？"

她走进了我的房间，坐在离门最近的床边，低着头，不言不语，就这样沉默了半个多小时。我虽然无法确切了解她之前到底遇到了怎样的问题，但还是千方百计地鼓励她说出心里的话。

半小时后，她才开口说了第一句话："老师，他们所有人都不配和我做朋友，我觉得他们太过分了。"

这个答案虽然让我始料不及，但我还是跟随着她的话题，和她继续聊了下去。

很快她便说出了自己感到自卑压力很大的原因：从小学开始，父母为了让她接受良好的教育，带着她到城市里打工。而她的父母从事的是最底端的体力工作，收入甚微。所以，在她的印象中，无论自己取得多么优异的成绩，都无法得到老师和同学们的认可，她始终觉得所有人都把她当作笑话来取乐。

但我非常清楚，不管成绩的优异与否，在别人面前都应得到应有的人格尊严。她的问题，是在她自己的心理，与别人的"看法"与表现没有丝毫关联。

于是，我给她讲了我的一个大学室友——韩雪的故事。我了解韩雪的出身、经历、彷徨、喜悦、自信、奋斗以及成功。而依依与当年的韩雪非常像。我对她说，韩雪跟你一样，认为她买不起漂亮的裙子，我们就瞧不起她；认为她吃不起稻香村的蛋糕，我们就笑她。但实际上，我们将韩雪的拼搏、成功和好成绩，视为我们整个宿舍的骄傲，她是我们所有人学习的榜样。只是我们觉得韩雪太优秀，我们不配和她做朋友；韩雪太高傲，我们不敢走近她；韩雪太聪慧，我们甚至无法与她在同一平台上沟通。韩雪是我们的榜样，只要她愿意走下"神坛"，我们将敞开怀抱欢迎她。

话说至此，依依竟打开了话匣子……可是查房的时间到了，她只好停了下来，留给我一丝难舍的目光，匆匆地离开了我的宿舍。

半小时后，我的手机里收到一条短信："苗苗老师，谢谢您今天对我耐心的开导，很久都没有人这样关心我，并这样真诚地对我说心里话了。虽然我没说什么话，但我现在感觉好多了。可能，我只是您生命中的一个过客，但今天您对我说的话也许会让我改变很多。我会努力，让这个世界因为有了我，而有一点点不同。我会学着去爱别人，从别人的角度考虑。您是一个好老师，是第一个让我在大学中感受到爱的老师。我很幸运，能在实习中碰到您这样的老师。希望您每天都能快乐，谢谢！"

虽然这只是一个很小的故事，但是我希望通过故事告诉大家，其实我的每个孩子都有被需要关怀的感觉。如果我的孩子他们在半夜三更打电话给我，那我一定会克制我的瞌睡，陪着他们交流，解决问题。

生命是脆弱的，尤其在现在这个社会，可能很多人都被包装上了厚厚的外"壳"，这并不是说他们很坚强，而是他们不想让别人看到自己脆弱的地方。而作为一个老师，我所能做的就是尽我所能，照顾到每个可以照顾的孩子。

当时光机敲响大四的钟声，毕业典礼如期举行，视频正在大舞台中滚动播放着，播放的是学生们从大一开始到此刻离校的大学历程。毫无疑问的是，除了在别人的惊愕表情捧腹大笑外，每个学生更关注的是视频中是不是有自己的相片，有没有被别人关注，即使惊愕的表情会让人捧腹大笑，也会觉得自己是班级中重要的一员。那一刻我很庆幸，因为我知道至少在平日的学习生活中，我做到了没有遗忘任何一个。

比如，晨晨，是我们班上最最沉默的孩子，在任何时候我都尽量想办法拉着他的手，挤进我们的群体；又如，小王同学，家境情况不太好，我很害怕他会在与同学的交谈中产生自卑的心理，每次一见面，总是尽可能地灌输给他正确的价值观；再如，小智同学，经常吃零食，我见到他总不会忘说的一句是"少吃点零食，不然你就真的变成小胖墩了。"……

"心心"相惜

记得我上小学的时候，我有个最大的乐趣，就是每个星期一的早晨，跟同桌翻开铅笔盒，比看谁拥有的铅笔数量最多。那个时候卷笔刀用得很少，所有的铅笔都是用小刀一刀一刀小心翼翼地将包裹在外面的木皮削去。后来，自动铅笔替代了老式铅笔，改变了我们的学具主题，铅笔盒中只有孤零零的几支绘图铅笔。再后来，卷笔刀胁迫小刀退出了学具的历史舞台。现在市场上种类纷繁、变幻无穷的各式卷笔刀，已经让我们遗忘了儿时守在妈妈身边，两眼一直盯着妈妈削铅笔的乐趣。而当今的孩子们，也从此无法品尝到那种，一个像铅笔似的物体，被层层去皮后，终见真"心"的兴奋了。

今天的监考现场，学校为了节约成本，给监考老师配备了铅笔和小刀的组合，这两个小小的物件竟带我梦回童年，悟出新思。其实作为老师，我们和同学们相处的过程真的就像削铅笔，当你剥开层层遮掩，不再在学生面前炫耀你之前的辉煌，不再炫耀你了解的精深的理论，而只要用简单、质朴、生动、活泼、亲和的语言，去深入浅出地诠释你要阐明的理论，解读你的人生。那么，学生们也会用同样的方式和你心心相拥，去全神贯注地聆听和领悟你的心声。这突然使我联想到令人敬仰的教育学家陶行知先生的一句话——教育是心心相印的活动，唯独从心里发出来的，才能打到心的深处。

相信每个人都听说过《哈佛幸福学》。哈佛幸福学、耶鲁心理学是世界上最受欢迎的公开课程。你会发现他们使用了大量来自生活的例子。一些陪伴孩子成长的例子，一次次跌倒后战胜困难的例子，精神的力量始终在激励着下面的听众们寻找幸福，寻找快乐的人生。

回想到我跟孩子们之间关于各种问题的讨论，每次讨论之前，孩子们总是会七嘴八舌地说些学校的、课堂的、老师的或者同学之间的八卦。从话语中发现学生们更期待的是老师的真诚，而炫耀人生是学生们最不愿听到，也是最不想听到的。老师跟孩子们之间的距离，就好像削铅笔一样，每当自己狠狠地削去一刀隐藏在自己心中的伪装，老师的心就跟孩子们走近一步，孩子们也就会自觉亲和地靠近自己一大步。

据我的学生回忆：

大学的课程不少，四年下来有差不多一百八十个学分；但作为学生的我们见过的老师还真不多，满打满算可能也就一百个左右，可这些老师们还真的是"各有千秋"。

我想几乎所有的学生都有一个共同的坏习惯——给老师取外号，而这些外号往往就代表着他们在学生心目中留下的最深刻的印象。

就像"小马哥"和"门姐"，这是我们在大一时给我们的助理辅导员马学长和门学姐取的外号。那时我们全班同学都这么叫他们，因为他们真的就像是我们的大哥哥、大姐姐一样，从我们入学开始就一直照顾我们，甚至当我们大四的时候，早就已经毕业的他们还在班群里询问我们保研、找工作的情况，让我们有问题随时找他们。

对于我们而言，他们两人既是老师又是学长学姐，更是我们的好哥哥和好姐姐。他们真心待我们，我们也回报以真心。当年我们来学校报到的时候，是他们在迎新点等我们。所以，当他们大四毕业离校的时候，我们也去车站送他们；当年我们在新学校不知怎样开始新生活时，是他们来指引我们，所以当门姐在毕业第二年交大 120 周年校庆的时候回到学校，我们也一起去学校门口接她"回家"。

当然，大学四年里我们也遇到过一些外号叫"代课哥"的老师。他们并非没有良好的专业水平，也不是课上得不好，只是他们太喜欢将自己华丽的外表展现在学生面前，而不是展现自己的真心。

还记得在我们读大三的时候上过的一门课程，原来的任课老师由于临时被派遣出国，只能由一位来自其他大学的老师代课，一堂课四十五分钟，前二十分钟一直在讲自己当年在国外的经历，后二十分钟一直在讲自己回国之后的成就，还剩五分钟聊一聊与课程相关的内容，并且从那位老师的语言中也听不出任何其他的词语，只有两个字"炫耀"。作为学生，我们是真的不喜欢这样的老师。

我们更喜欢像代老师那种上课时一丝不苟的老师，即使是偶尔讲课跑了题——聊到她的学生，她也会给我们带来很多有用的启迪；我们还喜欢像杨老师那样讲课从来不用教材的老师，因为她说："电子商务的发展速度早已经超越了其相应教材的出版速度，那些讲解电子商务的书一旦出版就已经过时了！"虽然杨老师讲课从来没有固定的教材，但是她收集了非常多关于电子商务行业最前沿的科技知识和最新发展情况的材料，并通过 PPT、视频、图片等多种方式全方位地向我们介绍；我们也喜欢像官老师那样整天"煽动"我们去"黑"他电脑的老师，虽然"攻击他的电脑"听起来像是一句笑话，但其实官老师是想鼓励我们认真学习技术类的专业知识，努力提高编程技巧。

这些老师之所以让我们敬佩，关键在于：师生们能够进行心与心的碰撞，从而绽放最美的潜能火花。小马哥、门姐是如此，苗苗老师、代老师、杨老师、刘老师、官老师、熊老师……都是如此。

你们飞得累吗?

很多人说,来到了大学就会很轻松。可是,我却想说,如果真的要忙起来,那可是要通宵不眠的。在学生中流传着一句话"没有通宵过的大学就不是真正的大学"。第一次听到这样的话,我以为仅仅是孩子们的一句玩笑话。但是后来发生了一件事,将我的想法彻底扭变了。

孩子们到了大二的时候,全国大学生电子商务"创新、创意及创业"设计大赛如期举行,我很荣幸再次作为指导老师,指导这群年轻的学子在茫茫创业大军中披荆斩棘。我所遇到的学生真的很优秀,可能很多人会觉得我在刻意捧高他们,但事实上,从一开始的组队、确定选题、撰写商业策划书、制作 PPT、演练到最终答辩,他们在每一个环节都追求精益求精。

当他们第一次拿着自己的选题来找我的时候,凭借这几年的带队经验,我很清楚他们这个选题并不是很好,在某种程度上说甚至很糟糕。这个时候如果欺骗他们反而是害了他们,于是,我很不留情面地对他们说了一句:"你们还是回去再好好想想吧!一个选题要有生命力,首先在你们来找我的时候,你必须很清楚你们所要做的产品是如何运作的,是否能够做到人无我有,人有我优?"后来,他们调整了思路,再次来找我给我讲述的时候,我能够看到他们迫切地想做这个东西的眼神。是的,到了对他们点头说"Yes"的时候了。然而当时我并不知情,他们在初稿第一次被驳回之后,五个人在一个空荡荡的房间里面头脑风暴,整整一夜,只为了获得我的一句肯定。

从校赛到省赛的过程中,我已记不清到底有多少次这样熬夜的日子。说实话我真的很心疼他们,多少次看着他们顶着熊猫眼来跟我讲他们的进度,虽然困倦却又想快一点听到我的建议的急迫;多少次他们明明可以省掉一个步骤,但是为了呈现最好的效果,他们不敢偷懒反而更加认真工作的神情;多少个酷暑炎炎,他们为了拍好一个镜头,在烈日下一站就是几个小时的坚持。

有时候看着他们远去的背影,我多想问他们一句:"你们累吗?"答案我知道,他们一定会说自己不累。他们习惯了坚强,他们追求完美,他们一丝不苟,他们精益求精,他们不服输。现在的我已经不太在乎他们比赛的名次，我更加关心的是他们的身体，我很害怕他们之中的任何一个因为劳累过度而生病。现在我们的每一次见面，我都会关心他们每一个人的身体，关心他们有没有吃饭，关心他们昨晚有没有睡觉。因为他们作为我的孩子，我关心的更多的是他们飞得累不累，而不是高不高。

据我的学生回忆：

累不累？您是问我当年做比赛的过程吗？其实很累的。

熬夜？我都不记得自己熬过多少夜了。印象最深刻的一次，是三创赛省赛提交资料之前的那个夜晚。由于工作失误，我们在最后提交资料的时候才发现商业计划书不符合规范，几乎全文都需要修改，而那个时候，距离资料提交的截止时间只剩下不到 30 个小时。

急！那一晚，队长几乎发动了团队所有成员来重写商业计划书，负责做视频的同学面前甚至摆着两台电脑，趁着视频在渲染的时候，赶紧在另外一台电脑上敲下几行字。

我们从前一天的早上九点开始，一直连续工作到第二天凌晨四点。电脑里面的文档从 1.0 版本，一直更新到 6.5 版本，33903 个字符、19 张图片、21 张表格，一共 128 页。当检查完最后一个版本的时候，我们所有人心里悬着的那一颗石头才算是落了地。

凌晨四点，视频小组那边的视频还剩下最后一次渲染。队长让我们其他人回去休息，养精蓄锐好好准备答辩，而他一个人在电脑前守着，一旦渲染完立刻上传至官网。我们也曾几次劝他去睡一会儿，他却说："不能睡，一旦睡着了就起不来了，我怕错过资料上传的最后时间。"

还有一次，和同学组队参加数学建模竞赛，真是没日没夜的三天时间。建模赛只有三天时间，时间紧、任务重，三餐全部点外卖送到实验室外面，三个人，整整三天没有离开过实验室。

第一天，数学建模，三个人讨论了一整天，查阅了几十篇论文才磕磕绊绊地把基础模型建起来，适当地添加了参数之后，才基本建好了模型；第二天，编写程序，看着同学神情严肃地一条一条敲着代码，自己却又帮不上什么忙，只能干着急；第三天，撰写论文，虽然是简单的文字工作，却又是之前两个步骤的综合体现，不得不小心谨慎。

"其实很多人只看到你拿奖的样子，没有看到你熬夜的样子。"这是我在保研成功之后得到的感悟。作为班级里最后一个拿到保研名额的人，当时我与保研之间的距离似乎就只有短短的一厘米，可我就是拿不到。

为了逾越那短短的一厘米，我在大三的下学期参加了很多的比赛，整整三个月早出晚归、起早贪黑，却很少有人问过我累不累。

"你看，天上的那只小鸟飞得好高！"

"其实它也是会累的。"

当人生的寒冬降临，有我们陪着你

　　贫困，这个在中国既寻常又尖锐的字眼，从过去到现在都一直萦绕在某些家庭的周围。在苍溪的那段日子，我有机会走进了山区幼儿园的课堂，看见了孩子们的生活学习实景，让我真真实实地感受到了贫困对于孩子们来说意味着什么。

　　在帮助苍溪的孩子们的同时，我还承担着电商班的教学任务，我常常会在课堂上与学生分享苍溪孩子们的生活状况，说说孩子们的课桌，谈谈孩子们的午餐，描述着孩子们每天走过的那条艰苦的上学路，以及孩子们明亮的双眼和眼中对知识的渴望。每当这时，电商班的孩子们总是认真地听着，安安静静，眼神中是对苍溪孩子们的同情。在电商班孩子们的一双双眼睛里，有一双红彤彤的双眼显得那么不寻常，她红着眼，眼神在窗外与讲堂之间飘忽不定，像是在掩饰着什么。直到后来我才知道，听我讲起苍溪孩子们的故事就像是在讲她自己。

　　幼时那条长长的上学路，上山，下山，走过田野，越过河流。

　　"我已经好久没有去过我的小学了，因为真的很远，直到现在我已经长大了都还觉得那条路远得不可思议。"

　　"小时候最怕下雨了，每一次下雨路都会变得无比泥泞。小时候力气太小，一脚踩进烂泥里，然后就拔不出来了，只能傻乎乎的先把脚拿出来，然后再用双手把鞋子从泥里面拔出来，弄得满手满身都是泥。"

　　"有一次夏天下大雨，学校门前的小桥被洪水淹了，我走到桥边在大雨里站了半个小时没敢趟水过去，现在想想真是太幸运了，因为那天就在那个地方淹死了我的两个同学。"

　　"学校又远，条件还差，没有食堂。每天早上我们都会从家里带一个瓷水杯，里面装上一点点大米和一点点菜去学校，学校门口小卖部的那位老奶奶人很好，我们每天付两毛钱给她，她就帮我们把饭煨好，把菜热好，还让我们中午和她一起吃饭。我小学二年级的时候，老奶奶过世了，我们从此连顿热饭都吃不上了。"

　　当她向我说这些话时，我抚摸着她的头发，心疼着这个坚强的小女孩，看到她从那样的环境中一步步成长起来，出落成如此幸福、快乐、成功的模样，我为她的成长而欣喜。当时的我自然不会知道，在一年之后的冬天，这个女孩即将迎来她生命中最艰难的考验。

接到电商班的孩子打来的电话已经是晚上八点半，打电话的是她的室友敏敏。敏敏说，阿宁的爸爸住院了，情况似乎有点严重。在我的再三询问下，敏敏才告诉我，阿宁家里经济比较拮据，动手术的费用也是阿宁找相熟的同学凑的。阿宁已经连续五天没有回寝室了，她一直在医院里寸步不离地照顾着爸爸。

挂断敏敏的电话，我立刻给阿宁去了电话，第一个电话没人接，第二个电话响了好几声才被接了起来。

"苗苗老师不好意思，我刚刚有点事儿。"阿宁的语气虽然急切，但是声音有些小声，显得有些疲惫。我简短地询问了一些情况，约定好第二天早上去医院看望她的父亲。

依旧放心不下的我给阿宁的男朋友打去了电话，才知道阿宁的父亲得了胃癌。在电话里，阿宁的男朋友告诉我很多的细节，以至于那一晚我整夜未眠。

我满脑子都是阿宁奔波的身影。我仿佛看到她父亲发病那天，她接到妈妈电话时的焦急与无措；我仿佛看到她在医院各个部门徘徊的背影；我仿佛看到她在安全告知书上、病危通知书上、手术告知书上签字时颤抖的右手；我仿佛看到她在手术室外来回踱步12个小时的脆弱与无奈。我甚至有些无法想象，年仅21岁的她是如何接受父亲患癌的事实的；我也不知道，当手术后医生小心翼翼地提起手术的花费，暗示她应该立刻补齐手术欠下的四万多元钱时，她青涩的脸上有着怎样的表情；我更不知道，当她开口向相熟的同学借钱时是怎样的心情。

当人生的寒冬降临，有我和电商班一起陪着阿宁。

知道阿宁父亲住院之后，电商班的孩子们纷纷慷慨解囊，为阿宁凑齐了一笔不小的手术费，让阿宁在父亲手术之后的几天时间里，不用再为欠费的事而焦虑不堪，能够全心全意地去照顾父亲；十月份的成都天气已经渐渐转凉，孩子们担心阿宁在医院陪病人夜里受凉，还特意为她送去了被褥；孩子们担心阿宁一个人照顾父亲会太累，想要跟阿宁轮班照顾病人，阿宁委婉地拒绝了，孩子们便只能在每天饭点时间给阿宁打包好饭菜带到病房，只希望她能够吃得好，也把自己照顾好；孩子们每天都会有一个人过去医院看看阿宁和她父亲的情况，每次在病房外看见阿宁，无论男女，每人都会给予阿宁一个大大的拥抱，并且告诉她："不要悲伤，也不要害怕，电商班一直和你在一起！"

　　孩子们毕业典礼那天，阿宁带着身体已经恢复得很好的父亲来参加她的毕业典礼。典礼之后，阿宁和他的父亲当着全班同学的面，向电商班所有的孩子和我表示感谢。他们感激我们危急时刻慷慨解囊帮他们渡过燃眉之急；感激我们在阿宁脆弱无助的时候给了她坚持下去的勇气和力量；感激我们长时间的陪伴与照顾，让阿宁能够走出家庭变故的阴霾。

　　其实无论是电商班中的谁发生这样的事情，我和电商班的其他孩子们都会这样帮助他、陪伴他。古人云，百年修得同船渡，千年修得共枕眠。殊不知又需要多少年的修行才能修得同班而学、同伴而行。而我，更不知是得了怎样的好运才遇见了电商班这群活泼友爱的孩子们，并和他们结下了如此良缘。

　　当人生的寒冬降临，不要悲伤，不要害怕，我们会一直陪着你。

老师永远是你们坚实的后盾

谁的生活都不会一帆风顺，在大学里，我的孩子们也经常会遇到解决不了的难题和过不去的坎。作为老师，我深知陪伴他们走过人生的低谷，是我义不容辞的责任。

曾经我带领过这样一支参赛团队，队伍里的每个学生都非常努力，认真地准备比赛项目的讲解 PPT、认真地制作网站和视频，一切都准备得非常充分，大家踌躇满志地踏上了成都开往北京的列车，想要在那次比赛中崭露头角。

然而万万没想到的是，尽管他们比赛的过程都表现得很好，却由于种种原因，最终没有获得晋级的机会。当得知结果的那一刻，孩子们的脸上写满了失落的神情。

孩子们纷纷问我："苗苗老师，我们这么努力，项目本身做得也很好，为什么不能晋级呢？"

我知道这个奖项对于他们的意义，也知道他们为了这次比赛背后的付出，可是面对孩子们这样的疑问，一时间我竟难以回答。

说实话，作为比赛指导老师，在过去的几年里，不乏提出这样问题的学生。我能够做的，就是帮助他们认识到自身的不足，然后走出这次比赛带给他们的低谷。

于是，我邀请他们和我一起继续观看下午的比赛。在整个观看比赛的过程中，我一直陪在他们身边，和他们分析每一支队伍的项目特点，分析他们的优势和劣势，和孩子们一起做下记录。就这样，我们一起度过了接下来的全部比赛时间。

晚上回到我们住的酒店，我问孩子们："你们觉得下午的比赛怎么样？有什么收获吗？"

说起下午的参赛项目，孩子们一扫之前的失落和愤懑，而认真地开始了他们的分析：哪所大学的团队实力很强，哪个队伍的方案很有新意，哪个项目网站设计得很好但是赢利点不够充分……

听完他们的分析，我又问道："那你们觉得，他们的项目比起我们的怎么样？"

听到我这样的问题，孩子们都不知该如何回答，沉默了一会，队伍中的一个女孩子说："老师，我发现很多队伍比我们原本想象的都要强，他们的项目策划和展示都很不错。"听了她这么说，其他小伙伴也都纷纷点头。

看到他们已经认识到自己的问题，我很欣慰地告诉他们："你们看到了自己和别人的差距，就是最大的收获啊。我知道你们为了这次比赛付出很多辛苦，但是结果是我们必须坦然接受的。看到你们能够从之前的失落中走出来，老师真心为你们感到高兴。而至于比赛，以后我们还有很多机会去尝试，有老师陪着你们，怕什么呀！"

听到我的安慰，孩子们也露出了轻松的笑容。

经历过这次"滑铁卢"，我也意识到：很多时候，孩子们是很需要老师的陪伴和开导的，仅仅依靠他们自己的力量是很难走出困境和低谷的。这个时候，我们老师就要成为他们迷雾中的灯塔，给他们鼓励和爱，带领他们朝着有光的地方走去。

所以，不论经历什么，我都希望我的孩子们知道：老师会一直陪伴你们，做你们最坚实的后盾！

第五章　电商有你初长成

"老师，这不公平！"

"老师，这不公平！难道努力工作不能换来应有的回报？只有关系才可以？"

这是我的孩子们曾经对我提出的疑问，或许是因为我从未担任过辅导员或是社团指导老师这类与学生学习、工作、生活都密切相关的职位，我甚少知道原来在大学校园里还会有一些不公平的事情发生，而且就真真实实地发生在孩子们身边。

对我说这句话的孩子是性格开朗的敏敏，在那句话的背后是发生在社团中的一个故事。

敏敏在大一的时候，加入了学院的学生会，由于只加入了这一个社团，敏敏在这个社团里工作得非常认真，部长以及指导老师对她的评价都很好。但是，在大一结束社团换届的时候，敏敏却因为得票太低而没办法留任副部长，获胜的是一位在社团中表现平平的女生。

在得知这个结果时，敏敏很失落也很疑惑，她为社团做的贡献大家都看在眼里，并且她和社团中其他同学的关系也都很好，为什么她会落选，她一直很不解。一直到名单公示的时候，她才从社团里另一个同学那听说，原来这一切都是因为社团里的一位学长。学长和那位女生是男女朋友关系，女朋友想要留任，担任副部长的男朋友自然就帮了一点小忙。

大学的社团也可以算是一个小小的职场，也会有阴暗面，所以就有学生们传"学生会的水比较深"这样的言论。大学生也是平凡人，他们也有私心，也会功利，偶尔也会耍一点小把戏。但是，他们的本心都是好的，偶尔的不公平，就当是大学生活中的小插曲吧。

总的来说，我很开心听到孩子们对不公平说"不"，这种正义的本心我希望他们能够一直保持下去，在进入社会之后也不要舍弃。但是，在大学这个"一半的社会"里，我更希望孩子们去认识不公平，学会以正确的态度去面对不公平，理解不公平背后的原因。对于以权谋私等不好的行为，应该时刻反省自己，有则改之，无则加勉。

"我大三了，您知道吗？"

在孩子们大三的上学期，教务处安排我担任孩子们"客户关系管理"这门课程的任课老师。我欣然接受了这个任务，原因很简单——由于上课的缘故，我可以每周都和孩子们见面，了解他们的最新动态，能够更加及时地为他们提供帮助。

就如同我所料想的那样，每周一次的见面让我和孩子们的亲密度逐渐上升。我开始更加了解孩子们平时的状态，了解他们的所做所想，而他们也更加乐于向我分享他们的生活。通过每周一次的交流，我和他们更加亲密，可是越是了解我便越是担忧。

那一年，孩子们大三了。虽然这只是大学里一个必经的时间节点，但是，"大三"就像是一个小小的催化剂一样，悄无声息地让我的孩子们发生了一系列的变化。

班上一向目标明确的小思，不知不觉就迷失在了大三的时光里。在学期中旬，她的忙碌甚至让我也感到疲惫。每次上课她总是踩点进教室，原因很无奈，她的上一讲课是二专的课程，不仅上课在其他教学楼，而且课程很难，老师总是拖堂。每周三她都是满课，从早上 8 点开始，一直到晚上 10 点。每次看见她背着大大的书包穿梭在人群里，我总觉得应该为她做点什么。

期中考试之后的一个星期天，我接到了她打来的电话。她的语气很无助，对我说："苗苗老师，我能见您一面吗？我想跟您聊聊，就咱们两个人。"

那一天，我终于见到了在忙碌的身影背后真实的她——迷茫、焦灼、挣扎。我们聊了一个下午，而我却似乎一时间想不到方法来解决她的疑惑。

"苗苗老师，您知道吗？我大三了，只剩下一年时间，我就要毕业了。"

"我那么辛苦地去修二专，可是我好像并没有学到什么东西。我到底要不要放弃？"

"我本来以为，修了二专就可以直接找工作了，但似乎并没有这么容易。我好像没有什么核心竞争力。"

"二专的课程太多了，不仅耽误自己本专业的学习时间，而且我没有更多的时间和精力去完成其他的东西。换句话说，我没时间去准备找工作的相关事宜。"

"爸爸妈妈觉得直接出去工作挺好的，可是又有好多人劝我读研。我觉得工作和读研各有利弊，我不知道怎么抉择。"

"大三了，我每每想到那个一年后就会呈现在我面前的未来，只需要现在自己的一个决定就可以改变的时候，我就很慌。我不知道自己做得对不对，我也不知道自己究竟要走向哪里。"

也许小思的状态，就是很多同学在大三时候的真实写照。不会选择，即使是被迫选择了，却又不敢坚持选择，于是就在各种纠结的情绪里不断选择。这样的人往往会将大量的时间浪费在迷茫和选择上，对他们来说，在这个阶段最需要的不是一个成功的、让他们模仿学习的甚至是盲目崇拜的正面教材，而是一个能够帮助他们打开思维的桎梏，找到自己初衷的人。

小思是一个自立且喜欢拼搏的人，她想要的生活是将来能够有一份自己的事业，一个能够展示自己能力的平台。她思维敏捷，敢想敢做，却受制于自己的能力和知识面，难以发挥自己的优势。我建议她去读研，用三年时间的沉淀培养自己的核心竞争力，在未来一展拳脚。

一周后，她告诉我她找到了自己的方向——考研，做物流管理。这是一个能够将她的第二专业和本专业很好地结合起来的研究方向，良好的就业前景也让她觉得很值得为之而奋斗。

其实，不管你大几，只要你在上大学，你就应该对自己的未来有一个良好的规划，有一个清晰的目标。不要等到大三了才开始着急，这本来就是一开始你应该做好的事情。但是，也不要认为已经大三了就自暴自弃，至少你还有时间去选择、去改变。

"瓜娃子"组合的魅力

"客户关系管理"这门课程是电子商务专业的必修课，所以只有孩子们所在的那一个班选修这门课程，小班教学模式使得课堂形式变得更加丰富多彩。

在介绍"瓜娃子"组合的故事之前，我需要说一些题外话，那就是关于团队的构建。我经常担任学院里创业团队的指导老师，很多时候，我发现团队的工作效率不高、执行力不够，或是项目出现了问题却很难解决这些情况，究其根本原因，不是因为团队里面个人的能力不够，最大的问题还是出在团队上面，整个团队的执行力才是罪魁祸首。所以，在为孩子们上课的时候，我特意将团队构建的训练用一个个小游戏的方式穿插在课堂之中，让孩子们在丰富课堂的同时，学会怎样发挥团队最大的能力。

在第一堂课上，我将孩子们分成了六个人一组，而这六个人就是某一团队的成员，每一个新成立的团队都面临着同一个问题——怎样快速地形成团队文化将团队融为一体。为了解决这个问题，我组织了一个小小的游戏，就是让孩子们为自己的小组想一个名字，并依次介绍自己在小组中的角色。就这样一个简单的小游戏，第四小组的"瓜娃子"组合凭借其强大的魅力赢得了游戏的胜利。

"瓜娃子"组合里有三个男生，三个女生。男生们首先进行了自我介绍，然后是女生的自我介绍，最后才是团队的展示。

"我是一杰，是团队里香香甜甜的'香瓜'。原因有二，第一，香瓜很好吃，很多人喜欢，就像我一样人见人爱；第二，香瓜瓜皮比较白，也很光滑，是瓜类的颜值担当，这一点和我一样，帅气如我是团队里面的颜值担当！"

"我是小飞，是团队里能美容、能补维生素的'黄瓜'。黄瓜看起来比较普通，但是能美容、补充维生素，身怀绝技，就像我一样，是团队里的中流砥柱。"

"我是小龙，是团队里最有内涵的'苦瓜'。虽然苦瓜吃起来口感不好，并且颜值一般，但是良药苦口利于病，我就是团队里面最针砭时弊的批评家。"

"我是敏敏，是团队里软软甜甜的'柿子'。虽然我和柿子一样是软软的软妹子，但是千万不要在酒后吃柿子哦，你会积食的。所以，我就是团队里面的'禁酒令'。"

"我是小琳，是团队里面最普通的'橘子'。橘子价格公道，人人都能买得起、吃得上，富含维生素对身体也很健康，就像团队里面最普通的执行者一般，人畜无害，人见人爱。"

"我是阿宁，是团队里色彩斑斓、吃法百变的'提子'。红提靓丽，青提低调，新鲜提子口感清甜，晒成葡萄干一样味道经典。百变如我是团队里的创意中心、思维源泉。"

"我们就是'瓜娃子'组合，三个瓜，三个子，六个娃。每个人都不一样，每个人又都一样。"

其实，从"瓜娃子"组合的自我介绍里，很容易看出他们的团队文化——"每个人都不一样，每个人又都一样"。由三个"瓜"和三个"子"组成的六人组，每一个人都有着不同的身份，同时又是团队里的一个"娃"，需要为团队贡献自己的一份力量，这就是一个好的团队应该做到的——既保持个人的独立性，又在某种层面上保持一致，各自将自己的工作完成好，又能够统一起来成为一个完整的团队，以团队的形式对外完成各种复杂的项目。这就是一个好的团队应该有的好的文化。

"领头羊"是团队的领跑者

在广袤的草原上，到处可见由数百只羊组成的羊群在两名牧羊人的指挥下有序地出发、吃草、返回。如果我们把这些羊群看成一个团队，我们会惊奇地发现：这个团队是如此的协调一致而又管理扁平！因为这个团队只有两名管理者——牧羊人，而这两名管理者却始终高效并且轻松地指挥着这个包含数百个主体的团队按照同一方向前进，且始终保持着目标一致！

为什么既没有接受过"系统教育"，也没有接受过"专业培训"的羊群会在管理者的指挥下方向如此一致？原因很简单，从事管理行业的人都会知道，这是因为在这个团队中有一个关键的角色——领头羊，正是领头羊的引导才使得这个团队始终保持着目标的一致。这就是我们所熟知的"头羊效应"。

在"客户关系管理"的课堂上，我对孩子们展开了一系列关于团队建设的培养。有了小组也就是有了团队，那么"领头羊"也应该出现了。我们为什么如此强调"领头羊"的作用？什么样的人才能够成为"领头羊"？"领头羊"需要为团队做些什么呢？

给出上述问题的标准答案之前，我们需要先了解什么是团队。根据 IMB 的解释，团队就是一群有互补技能，且为了一个共同的目标而相互支持的人。因此，一个团队必须具备三大要素——互补性、合作性和共同目标。一个群体之所以能够被称之为团队，拥有共同目标是至关重要的。

"头羊效应"映射到团队管理中就可以解决团队建设中最困难、最重要的一个问题，那就是——共同目标。我们在项目开展时，有意识地选取优秀分子，为他创造有利环境，帮助他在某一阶段、某一方向扮演"领头羊"的角色，为其他成员的努力给定参考，从而提升整个团队的执行力。

在孩子们的团队中，"领头羊"的表现总是一如既往的出色。性格温和、做事踏实的小五同学就是一位非常合格的"领头羊"，他引导着第一小组快速而高效地完成了一次次的任务。他不是领导者，更不具备领导作用，团队没有赋予他管理他人的权利，他也不需要扮演一个领导的角色；他只是一个榜样，是"引导"团队成员更加实干、更加奋进的激励者，他唯一需要做的就是通过自己的行为和方式引导他人。

在各小组的第一次集体自我介绍中，小组的组长就已经以团队领导者的身份开始领导团队开展工作；而小组合力完成的第一个任务，才是团队的"领头羊"发挥自己作用的时刻。

孩子们的团队接到的第一个任务是调研一个电子商务平台的客户服务工作，需要体验客户服务的质量，总结其客户服务的优缺点并给出相应的建议。孩子们需要提交书面的调研报告，并且在下一周的课上要以PPT展示的形式向大家汇报小组的调研成果。

小五所在的第一小组选择了淘宝网作为调研对象，组长挑选了淘宝网上几家口碑、信用都很好的店铺作为具体的调研对象，并且为每一位成员布置了具体的工作事宜。团队成员们接到各自的任务之后，就开始了各自的工作。

提交调研成果的时间逐渐逼近，第一小组的 QQ 群里，陆续有同学上传自己的调研成果。负责体验客服的同学有的只是上传了一份文档总结了店家客服的优缺点，却没有对店家客服质量进行评价，也没有提出建议。更有甚者，只是上传了与客服的聊天记录的截图，没有给出任何评价或者建议。

组长负责汇总组员们的调研成果，并制作 PPT。看到如此杂乱的文档和截图，组长心里很不是滋味，就在这个时候，小五上传了他的调研汇报——一份长达 1500 字的报告和七页制作精良的 PPT。"头羊效应"就在这个时候悄然开始作用。也许是因为组员们的竞争意识，觉得"他能做得到，我也能做到"；也许是因为小五的汇报给了组员们一个效仿的标准；也许是因为小五激励了组员们的工作热情，组员们开始删除已经上传的杂乱的汇报文件，取而代之是一份份格式规范、质量保证的报告。而第一小组也因为组员们的齐心协力，圆满完成了这一次的调研。

虽然小五的"领头羊"做得很好，也的确发挥了榜样的作用，但是值得注意的是，"头羊效应"更应该注重行动和过程中的榜样作用，而不做具体的行为准则和质量标准，它与其他注重标准的质量管理方式是互补的。

就像牧羊人不会古板地要求所有的羊都踩着"领头羊"的蹄印行动一样，在团队管理中，团队的成员只需要按照决策者的意图在正确的规则下完成所应完成的工作，不必拘泥他的方式或方法跟"领头羊"完全一致，因为抹杀其他员工的积极性和创造性不符合"头羊效应"的根本追求，"头羊效应"的根本追求是目标的一致性。

一加一大于二

人们经常用一加一大于二的说法来形容团队合作的力量。

在大学里，无论是老师布置的课堂作业，还是学生社团组织活动，往往都是需要学生们以小组的形式共同参与，这就考验到大家的团队合作能力。合作得当，往往事半功倍，但一旦团队出现问题，可能工作的进展就会因此受到影响。

作为老师，在过去的数年间我也遇到过很多的学生团队。有些团队成员之间感情很好又目标一致，这样的团队经常对我说的话就是："老师，我们都会努力的！""老师，我们这次做得不够好，下次一定赶上来！"有些团队遇到困难则截然相反，不但会一蹶不振，甚至还会互相推诿责任。不用说也知道，后者这样的队伍很难达到最初的目标。

曾经在带领队伍做比赛的过程中遇到这样一支队伍。这支队伍原本的成员有五个人，可是每次找到我汇报他们的项目进程时却只有固定的两名同学。我就问他们："为什么每次都是你们两个来找我呢？另外三名队员去哪里了？"他们回答我说："有一个在上课，另外一个在做 SRTP 过不来，还有一个联系不上……"

看到他们这样散漫的状态，我既感到费解又有一些担忧，费解的是在同一支队伍里，为什么其他三人对自己参加的比赛毫不上心；担忧的是，如果只靠这两位同学的努力，他们很有可能难以完成比赛。

于是我对他们两位同学讲："我知道你们想要在这次比赛中取得好的结果，也看到了你们两位的努力和付出。但是做比赛是需要团队五个人共同奋斗的，必须要每个人都认真对待才行。"我又向他们讲述了我带领的另外一支队伍的故事："去年有一支参赛队伍，每次来讨论的时候都是五个人一起来，这样每次讨论之后队伍中的每个人都会有新的收获和新的想法，参赛项目才能越做越好啊！"

听了我的建议，他们也意识到了团队中出现的问题，也纷纷表示回去后会做好和队友的沟通工作。

值得高兴的是，等到下一次他们再与我讨论比赛项目时，不仅每个成员都到了，还带来了新的项目策划。

我还记得当时那支队伍里的一个女孩子对我说："苗苗老师，您说得对，之前我们确实没有意识到五个人应该是一支队伍，没做到齐心协力朝着同样的目标努力，今后我们会注意的！"说着，她还拿出了过去几天团队准备的几套不同的项目方案："老师您看，这是我们又想出来的新方案……"

后来，就是这支仅仅五个人的队伍，不仅制作出了自己的网站，还为自己的项目拍摄了一系列宣传广告片，最后顺利地完成了比赛，拿到了梦寐以求的奖项。

的确，每个人的力量可能是微不足道的，但是一旦变成了一支队伍，大家的心聚集在一起，就会迸发出无穷的力量。

合作的力量无处不在，这种合作精神在动物身上也能得到体现。大雁就有一种合作的本能，它们飞行时都呈 V 形。大雁在飞行时会定期变换领导者，因为为首的雁在前面开路，能帮助它两边的雁形成局部的真空。科学家发现，大雁以这种形式飞行，要比单独飞行多出 12% 的距离。

合作可以产生一加一大于二的倍增效果。据统计，诺贝尔获奖项目中，因协作获奖的占三分之二以上。在诺贝尔奖设立的前 25 年，合作奖占 41%，而现在则跃居 80%。这样的数据，足以看出团队合作的能量！

如今，分工协作越来越成为管理者所提倡的工作方式，而这也往往是很多大学生欠缺的能力。只希望在我的帮助和指导下，孩子们能够尽快地懂得"众人拾柴火焰高"这个道理，在团队合作中发挥出自己的能力。

你们真的长大了

孩子是祖国的花朵，"谁的时光机"中我的孩子们永远都在百花争艳、繁花似锦，所以千万不可以用是否挂科的定律去误判他们的能力。在如今的教学中，没有始终不渝的经典定律，每个孩子都有其不同的特长、想法、能力、梦想和所能创造的奇迹。

人们总以为比尔盖茨、乔布斯、扎克伯格是人们心中过于遥远的梦想，他们似乎高高在上、遥不可及；现在的孩子们不愁吃穿，拥有更加良好的学习条件，却似乎在离创业的梦想渐渐远去。然而没想到的是，在"谁的时光机"中，创新业的火光正在开始萌发。

新学期伊始，当同事告诉我，我的孩子们在学校里开启了一个全新的外卖时代的时候，我竟然有些抑制不住内心的狂喜。我知道他们拥有这样的创造力，并且完全有能力将其实现，但是我并没有想到居然会这么快。

"交大物流"兴起于孩子们大二的上学期，由余影轩同学一手创办，是一个全校性的外卖配送团队。它改变了原来学校外卖单店单送的运营机制，采用集体配送的方式，在校园的宿舍区设置相应的配送点，将同一园区的外卖全部集合在配送点之后，再统一进行配送。这样的方式不仅提高了外卖的配送速度，更降低了外卖的配送成本，正因这种趋利规弊的新思路，将交大的外卖配送推进一个全新的时代。

之前，或许是因为我一直将他们视为长不大的孩子，我以为他们可能不够坚毅，可能在遭遇困难挫折的时候会无计可施，可能会因为小小的矛盾而与队友爆发争吵，可能会……总之有无数的可能会阻碍他们的创新与成功之路，而我则需要站在他们的身边悉心地帮助他们、指导他们。但是，从"交大物流"的兴起，我深深地领悟到，我的孩子们真的长大了。

他们也会为了取得加盟而奔走于一家家餐厅，反反复复谈合作、签合同；他们会巧舌如簧，用自身项目的优势说服一位位店主；他们也会为团队成员争取最大的利益空间，让每一个为项目而奔走的人都拥有最合理的劳动报酬；他们也会统一安排兼职人员的工作时间，做到公平公正不偏私；他们也会详细核算每天的收入与盈余，不会错漏任何一笔账款；他们也会心平气和地谈论解决团队遇到的各种问题，一点一点总结出思路，并提出解决方案……

　　整整一个学期，"交大物流"办得有声有色，我也在这过程中看到了孩子们的成长。学期的尾声伴随着全国大学生电子商务"创新、创意及创业"设计大赛的前奏悄然而至，孩子们积极报名参赛，一个个想法既新颖又可行。孩子们，你们真的长大了！更准确地说，"交大物流"现在很火，未来会越来越火。

由个体到家的转变

如果将"谁的时光机"看作是一张色谱，那么每一个孩子肯定都是其中的一抹亮色，光彩艳丽，独一无二。但是，一个人只拥有个体的独立性是单一而片面的，与大家在一起的融合与转化才是完整而绚丽的。如果将"谁的时光机"依旧看作是一张色谱，那么我希望每一个孩子都是组成这一张色谱的一块拼图，独一无二，却又缺一不可。

大学生总是不同于小学生或者中学生那般单纯，矛盾一笑而过，特别是对于心思细腻的女生而言更是如此。矛盾，就像那肥皂水中的泡泡，风平浪静还好，波澜一起就一发不可收拾。而女生之间的矛盾，更像那平静的海面下汹涌的暗潮，看表面风平浪静，其实早已波涛汹涌。或许只是因为一点点小事，在同学的心中便有了隔阂而久久不能消散；或许只是因为对方小小的无心之失，同学便抓住了把柄一般，得理不饶人。但无论是因为什么，人与人之间的摩擦总会有的，而宽容他人的心境，是每一个人都应该具备的。

看着我的孩子们，总会让我想起我的大学时代。对我而言，那仿佛是一个遥远的时代，在那个时代里的每一个人，每一句话，每一个微笑，每一个撇嘴，每一个眼神，都成为我这一生中最美丽的回忆，而矛盾什么的，早就记不得了。我不知道四年后的他们坐在毕业典礼的会场里，会不会懊恼自己曾经对同学说过的伤害的话语。但是，我会尽我的一切努力，去让大家不会为这样的事而懊悔。

在孩子们大二结束的前夕，我带着他们去参加了 2011 级学长学姐们的毕业典礼。孩子们安静地坐在会场的后排，目送着当年迎接自己进学校的学长学姐们经过授位仪式，经过重重道别，最终与身边的同学相拥而泣，依依不舍地说着离别话语。那一场毕业典礼上，有一个非常温馨的环节，就是毕业班每一个班的班长上台说出了"那些年，他们没有说出的情话"。其中有一个班长是这样说的："大学四年，我最想说的就是感谢全班同学的包容与宽厚。不仅仅是对我，还有对你们身边所有的人，亲近得就像是一家人，相亲相爱，相互尊重，相互体谅。无论是对生活中矛盾的海涵，还是对学习中荣誉的谦让，都让我体会到了如家般的温暖，我爱你们，就像爱自己的家人一样。"孩子们纷纷为这位班长的话热情鼓掌，言简意赅的几句动情表达，使全会场的人彻底顿悟。在相视一笑之中，之前那些同学之间所谓的隔阂，似乎也烟消云散了。

后来一次偶然的机会，我邀请孩子们到我家做客，并且由孩子们自己完成晚餐，那一次我才是真正地体会到了孩子们之间那如家人般的温情。

买菜、切菜、炒菜，每一个步骤都是由孩子们亲自完成，大家团结在一起，其乐融融。大家动手，分工明确，每一盘上桌的菜，无论好吃与否，都受到了大家的肯定。班长最拿手的可乐鸡翅，反反复复做了好几次，都没能满足大家的胃口，食欲感浓烈的鸡翅，几乎是一上桌就被大家抢个精光。当班长洗完手回来看着空空的盘子正要抱怨"我还没吃"的时候，意外的有一位同学从背后拿出一个碗，碗中静静地躺着两只肥美的鸡翅，对班长说："这可是我拼了性命为你保护下来的啊！"哈哈哈……大家笑得前仰后合。

直到毕业，孩子们的感情还是一如既往的好。"谁的时光机"像一个无形的大家庭，每一个孩子都记得自己是这个家中不可或缺的一砖一瓦，少了谁都不再是一个完整而完美的家。

第六章　你还记得那些唠叨么？

◇　学会尊重别人

◇　做态度诚恳的沙师弟

◇　传递快乐的心情，让快乐本身更快乐

◇　当选择太多时，问问自己的心想要什么

◇　人生就是一个不断学习的过程

◇　骄傲和浮躁万万不能要

◇　分享往往可以带来更多的感动

◇　做时间的主宰者

◇　不经一番寒彻骨，怎得梅花扑鼻香

学会尊重别人

在我的眼中，我的学生，他们每一个都是那么的优秀，他们每一个也都是我的骄傲。如果有人不喜欢他们，那只能说明，你还没有看到他们的优点。

2014 年暑假，我带着孩子们去重庆实习时发生过一件小事，因为是小事，所以我大可不提这件事情，为这次实习画上一个圆满的句号，也让他们开开心心、满怀收获地回到家中。但是在实习结束的那一天，我还是狠狠地批评了我的这些孩子。

这些错误，也许在他们看来，并不是错误，而只是一种生活习惯，就如同曾经那从来不加称呼的话语一样。或许是因为他们从小到大都是"众星捧月"中的那轮明月，在家人的呵护中长大，从不知道什么叫作为别人考虑，从不知道怎样表达对人的尊重。

那其实是一件很小的事情。实习的大巴车一共有 44 个座位，全班一共 43 个同学，加上我正好够 44 个座位，一个空座位都没有。实习的第一天，当我整理好队伍，把大家都安顿到车上的时候，我发现他们留给我的是最后一排中间的位置。顿时，我的心里很难过，我想一定是我对他们不够好，才让他们没有把我放在心里，但是第二天、第三天都是如此，直到离开的最后一天，直到女生们愿意开心地围在我身边，叽叽喳喳地描述着身边的男神，直到他们愿意给我讲述在游戏中顺利超神的自我实现感，我还是只能坐在那个专属于我的位置上。

的确不是他们不尊重苗苗老师，显然从他们对我的态度，我已经清楚地感觉到了他们对我的好感，但是我还是被动地坐在那个位置上，没有机会离开。

也许在从小的生活中，在与外人的竞争中，他们产生了强烈的自我保护意识，认为所有的东西，只有自己努力，才能得到最好的成果，于是他们奋力争取，不甘示弱。他们大多数是独生子女，娇生惯养，一个被六个人保护成长起来的孩子，早已经忘了如何关心别人，认为别人对他的所有的谦让都理所应当，那好位置也就当仁不让。但孩子们你们明白吗？你们对别人的关心，应该是无处不在的，就如同也会有人无时无刻不在关注着你一样，学会关心别人，才能被更多的人关心。

这件事情，我在第一天行程结束的时候可以说，在实习中间的任何一天都可以说，但是我选择在最后一天说，是因为我想告诉你们，老师是除了父母、家人之外最容许你们犯错误，最体贴、呵护你们的人，毕业后你们将面临的是老板、同事、竞争者。同为名牌大学的学生，能力到底相差多少，在短时间内无法鉴定，但是认可、认同，一定是源自于你生活中的点点滴滴。你无法懂得对别人的关心，又如何迎来别人对你的关心呢？我还唠叨说：实习中你们将别人为你们精心准备的宣传册当成扇子，请问你们这样做的时候，你们是否把这次参观企业放在心里，你们真正尊重他们了吗？

　　我在后来的工作中明显感觉到，通过那些简单又朴素的唠叨，聪明的孩子们已经悟出一个道理：尊重别人，其实也就是尊重自己；关心他人，也就可以赢得他人的关心。

做态度诚恳的沙师弟

完整地看完一部《西游记》之后，或许有人会赞许唐僧战胜困难的决心，或许有人会羡慕拥有七十二般变化的猴哥，或许有人会喜欢吃尽天下美食的二师兄，也或许根本没有人注意到最为诚恳的沙师弟。

暑假里陪着女儿将《西游记》看了三遍，三遍过后，《西游记》带给了我很大的人生启示。人世间有三类人可以获得成功：诸如大师兄，靠本事吃饭，无论老板是否真心爱他，老板的前途要靠他，所以这类人一定可以成功；又如二师兄，伶牙俐齿，处事圆滑，可以跟观音菩萨卖人情，凡事都讨好唐僧，让唐僧维护他，这种人是人类社会中靠关系吃饭的典型；再说沙师弟，论本事只可防身，论关系笨嘴一张，但沙师弟还是取得了真经，修炼成佛，获得了成功。这个中道理其实很简单，像他这种人的成功靠的是勤勤恳恳的态度。

生活中，有的同学往往会抱怨，"某某聪明过人，我无法相比"，"某某伶牙俐齿，会看领导眼色，会讨老师欢心，全靠老师偏心，他才获得今天的奖学金"。但是，持这种观念的同学是否想过，在现实中，也许我们无法成为天生智商过人的爱因斯坦，也无法成为聪明伶俐、靠关系吃饭的韦小宝，但我们完全可以用我们坚毅的态度和奋斗的决心告诉所有人，我们不会落后，我们终有一天会站在人生最终的领奖台上，向所有人点头微笑，迎来最热烈的掌声。

确实，《西游记》给我们这几代人的启迪很深，或许未来更多的人会得到更深刻的感悟。至少我还感觉到：或许沙师弟在三个徒弟中是最容易被忽略的一个，但他却是最踏实肯干的一个。因为他知道，他没有和大师兄一样高超的本领，也没有二师兄的圆滑与老练，他只是三个徒弟中年纪最小的、本领最差的一个，在这个团队中，他唯一能够做好的事情就是挑担子，帮两位师兄打下手，并且毫无怨言。可是正因他的这种心态和姿态，也才更值得我们去学习与借鉴。

在我的孩子们中，也有如沙师弟一般勤勤恳恳的人，甚至他们凭借诚恳这一品质，成为如大师兄那般技艺非凡的人。

我的孩子们是电子商务专业的，我们学校的电子商务专业一共分了两个专业方向，一是物流方向，一是技术方向。班级里有一位很普通的女生，她长得并不夺目，交际能力似乎也算不上多么优秀，在大一的时候，她也不是班级里成绩最好的孩子。可是，她对自己的未来却有着明确的规划。她想要走技术流，并希望凭借自身所掌握的新技术，去进军国内最强的互联网公司。在大二的时候，她又选修了软件工程作为自己的第二专业。从此，她就和各种编程语言结下了不解之缘。两年的勤恳工作，积累了丰富的编程经验，最终帮助她敲开了这家公司的大门。我还记得她拿到offer的那一天，我在第一时间就接到了她的电话。在电话里她非常激动，用近乎哭泣的声音对我说："老师，我以为不会成功，我以为像我这么普通，甚至可以说是平庸的人根本不会做到，但是我居然成功了！……"

是的，她成功了。她用自己的勤恳，将一点一滴的经验积累为能力的飞跃，直至实现目标。我想，这样的例子不会只是偶然，只有每一个都能够认清自己的位置的人，明白自己的能力有多高，目标在哪里。在自己技不如人的时候，摆正自己的位置，摆正自己的态度，用一颗真诚和踏实肯干的心，去征服一切难题，得到朋友、领导的认可。总有那么一天，你也会成功！

传递快乐的心情，让快乐本身更快乐

有一本书叫作《服务从心开始》，作者林田正光。他在书中将自己在酒店业的服务经验倾囊相授。他从最初的小服务生，做到酒店高管；从曾经的小酒店，做到丽思卡尔顿。他用自己的亲身经验告诉我们：一切服务，都要从"心"开始，要有"感恩心""诚实心""善解心""谦卑心""爱心""宽容心""责任心"和"奉献心"。在现实生活中，尽管我们面对的不是服务对象，但是我们仍然需要做到对遇见的每个人微笑，用微笑来传递你的快乐，让快乐本身更快乐。

看到怡人的风景，我们会感到快乐；嗅到迷人的芬芳，我们会感到快乐；听到动听的乐曲，我们会感到快乐；尝到美味的食物，我们也会感到快乐。哪怕只是做对了一道题，办好了一件事，只要是经过了长期努力，并最终取得了自己想要的结果，我们就更是高兴了。生活中，有许多微不足道的小事也包含着无穷的快乐。当你感到快乐的时候，请记得将你得到的快乐分享给他人，将快乐传递！

传递快乐最简单的一种方法，我想便是在任何时候，都不要吝啬你的微笑。当然，这微笑应该是发自内心的。也许你觉得一个微笑好像无关紧要，但其实并非这样。微笑，或许只是一个看似平常的、微小的举动，却能给接受微笑的人带来无限的温暖和快乐。微笑，是人类最美好的表情，即使再厚的冰层，也能被微笑融化，看到他人的微笑，你也会情不自禁地以微笑回应，这便是微笑的感染力。

其实，微笑本身包含着太多的含义：亲和，尊重，礼貌，典雅，纯真……当你能不经意地、已成习惯地做出这个动作时，你就已经时时刻刻在传递着快乐，感染着你周围的人和你一起乐观，并时刻享受着彼此唇角传来的快乐，积极乐观地去面对一切现实。

说到传递快乐，就不得不提到传递悲伤、失落这些负能量的情况。快乐能够用一个小小的微笑传递，而负能量，更容易借助一点点的动作或表情暗示而感染、蔓延，哪怕只是一句小小的抱怨。

我不知道大家怎样看待自己的朋友圈或是 QQ 空间的，或许你们将它视为了自己的私人空间，便肆无忌惮地在里面"吐槽"你们生活中所遇见的不愉快。其实，哪怕是自己的朋友圈或是 QQ 空间，都是有朋友会去访问的，你所有的"吐槽"他们都看在眼里，或许你的负能量也借由这个"槽"，传递给了你身边的人。

譬如说，小琳。她是我的孩子们里面比较敏感的一个，作为一个女孩，她心思细腻，情感丰富。她的 QQ 空间，常常会更新，但全部都是负能量，满满的抱怨，无一例外。可她本人在日常的现实生活中，却是一个比较欢乐的人，情绪来得快去得也快，或许她已经忘记了自己早晨在网上发过的那些话。但是那些话却在一遍又一遍地影响着她身边的朋友。依据她的性格特点可以猜得到，她也会有很多开心的时刻，是不记得还是不想将快乐分享在空间里让大家一同快乐呢？我不得而知。但我认为，这种本末倒置的做法，实在不可取。

后来，当我和她交流起这个问题时，她特别惊讶地对我说："苗苗老师，我终于知道为什么我的朋友们都以为我在交大过得不开心了，原来是我自己给了他们的误导！不仅如此，我的妈妈每每看到我网上的动态就着急上火地给我打电话，有时还会为我整夜整夜地睡不着，担心我过得不好。原来，都是我影响了他们！"

是的，情绪就是这样在不经意间就慢慢地蔓延开来了，不论是快乐的抑或是悲伤的。希望我们每一天，都能给自己和他人一个大大的微笑，将快乐传递出去，让世界充满快乐，让每个人在快乐中去努力做好各自应该做好的事。

当选择太多时，问问自己的心想要什么

有一种花叫向日葵，它坚定执着，永远朝着太阳的方向，追逐着自己的梦想。从破土而出的那一天起，就坚定地朝着太阳的方向努力生长。它有着笔直的枝干，硕大的叶片，每当太阳升起的时候，便张开笑脸一直朝着太阳的方向，这就是它一生的信念与追求！

有人说，向日葵就像健康的人生，积极、乐观、阳光、坚定不移……

在十九世纪荷兰的土壤上，有一株坚强执着的"向日葵"，他有一颗善良、敏感、同情底层人的心，他一生贫困潦倒，经常欺骗自己的胃，却用本来并不宽裕的生活费，去接济那些苦难的底层人。他遭遇了爱情的失败，事业也是一路坎坷，可是又有谁来抚慰他孤独的灵魂，又有谁为他送去温暖？在他短暂的三十七年人生历程中，他的痛苦与欢乐，他的事业与爱情，他的思想与行为，除了他的弟弟提奥以外，还有谁去理解他，关心他？

他，就是美国著名的传记文学家欧文·斯通先生笔下所说的：世界上最孤独的人之———温森特·凡·高，后印象派杰出代表，一位决断的、敏锐的、有智慧的伟大艺术家，一位不朽的灵魂！

凡·高，一生热衷于绘画，视绘画事业如生命，排除种种阻挠，在众人嘲笑讥讽中，依然坚定信念，画出一幅幅震撼心灵的作品。那如火焰般的色彩，流动着的线条，用毕生的精力疯狂地表现着对自然的热爱。

看，那旋转的令人眩晕的《星月夜》，那似火焰般的《向日葵》，那金黄的《麦田》，那开满粉色桃花的《桃园》……这一幅幅画表现得如此的奔放不羁，如脱缰的野马狂奔于茫茫旷野，是那么让人震撼与心悸，那是怎样一颗动荡不安、痴迷的心？

凡·高，虽一生疾苦，但他勇于遵从自己的本心，选择了自己挚爱的绘画事业，并坚持了下去。正因他潜心绘画，才有了后来那么著名的画作。在现实生活中，人们或许不会和凡·高穷困潦倒的人生轨迹雷同，但也有人常常会被各种各样的选择所迷惑。在很多时候，心高气傲的人，甚至想同时拥有所有的成功，不过他应该好好想想，鱼与熊掌是不可兼得的。很多时候，我们要做的不是握住所有的选择一个也不放，而是将心沉静下来，问问自己最想要的是哪一个，选择它，并且坚持下去。

在我的孩子们面临专业方向选择的时候，就出现了一个小小的插曲。虽然交大的电子商务专业（之前已经提到过）只有物流和技术两个方向，但是考虑孩子们选修了二专以及辅修其他专业课的情况，选择也就复杂了起来。

我还记得当初有一个孩子信誓旦旦地对我说："苗苗老师，我决定了，以后我们班级走物流方向，我选修软件工程的第二专业，辅修会计的专业课，这样我就可以兼顾软件、物流、会计以及电子商务四个专业的能力，成为全方位人才了！"

对于这样的想法，我只能说："孩子，你想得太简单了。"软件、物流、会计和电子商务，想要将这其中的任意一个专业学得透彻就已经很不容易，更何况是他所说的兼顾四个专业的能力。精力分散了，很难取得较好的效果，如果他真的照着自己懵懂的想法一直做下去，他必然会成为一个好像什么都会，却又什么都不精的"万金油"式的人，很难取得较高的建树。

孩子们，有奋斗心是好事，但是如果你将精力同时分成好多份，你可能就会发现任何一样都做不好，专注地做一件事反而更好。

人生就是一个不断学习的过程

人生的时间，正如小沈阳所说的那样，于眼睛一睁一闭之间而过，短暂得令人喟叹。而我们在经营"生活"的同时，以读书的方式去填补剩余的时间，尝试着勤于思考，我们的思想一定会充实许多。

"知识型企业中的一切都与学习有关，所以，生存的第一要义就是学习和理解，懒于学习的人实际上就是在选择'落后'和'离开'。"我们都试图在我们所经营的职业内做得更好，这毋庸置疑需要付出努力。因为事情总是在竞争中不断变化着，如果我们想适应这种变化或者有效地预防或解决某种危机，并随时更新思想观念，用以应对新的挑战，那就需要永无止境地去学习。

汉朝时期有个叫徐干的学者有一首诗："学乃身之宝，儒为席上珍。君看为宰相，必是读书人。"

学习是一种志气，是一个永远不会被困难击倒的法宝，是一眼彰显勇气和智慧的源泉。别林斯基曾经说过："我学习了一生，现在还在学习。而将来只要我还有精力，我还要学习下去。"

我们在接受教育时，虽然现成的知识已经多到我们穷尽一生的精力都无法学完，但是我们仍要不断地培养自我学习的能力，掌握各种学习方法，并树立终身学习的观念。生命，只是一次特殊的邀请，大家都是应邀而来，都很荣幸地在茫茫尘埃里走上一遭，然后又急匆匆地随风而去。在这段旅程中，我们应该学习。否则，我们就会缺乏创造力，必将重新遭遇贫穷。

大学里，学习深造和建立人脉同样重要，这其中的任何一样都是需要我们去潜心学习、好好摸索的。在大学四年的时光里，孩子们可以过得充实而美好，也可以平庸无为、虚度光阴，也可以兄弟成群，也可以形单影孤。在不久的未来，当孩子们步入职场时，孩子们要学习职场生存法则，也要学习如何经营家庭，还要学习如何教育子女……一个人能否创造美好未来的关键，就在于其愿不愿意持之以恒地去用心学习。

小 A，一直是班里最沉默的孩子，平时与同学之间的交流不多，即使是与同一个寝室的兄弟待在一起，他的话也很少。上课的时候，他总是一个人默默地坐在最后一排，没有人知道他在做什么，就是我也只能从期末的分数上推测，他很可能是没有认真学习。

　　大二结束的那个暑假，孩子们进行了他们大学生活中的第二个实习——统计软件应用。在实习之后，孩子们需要分组完成一个调研报告，而小 A 所在的那个小组发生了一件让人不太愉快的事情，也就是这件事情引起了我对他的关注。

　　事情的缘由是这样的，为了完成调研报告，组长为每一位组员都安排了一项任务，当时小 A 满口接下任务，却在提交调研报告的前一天晚上十点才告知大家，他没有而且不能完成这一任务。后来，虽然组长和另外一名同学熬夜帮他完成了这一任务，可他的这种行为却让同学们对他的信任几乎消失殆尽。

　　或许这只是一件小事，却也反映了一个不争的事实：一个人如果不愿意去学习，只会导致停滞不前，甚至是落于人后。大学本就是一个人积极进取的宝地，在这样良好的学习环境中还不知学习的重要性、不懂学习的必要性、不解学习的自觉性，必将导致自身在自由散漫的气氛中沉迷下去，没日没夜地"游戏人生"、虚度光阴。

　　人际交往的难题虽然不是一个"学习"问题，但却可以用"学习"的方法来解决。我想，并不是所有人生来就精通于与人相处之道的。即使是我自己，在很多要与陌生人交流的场合中，也会免不了有些羞赧和胆怯。但是如果一个人真的想要改变自己与他人的关系，即使是他自己不懂社交，他也可以学习那些社交达人的交友方式，然后努力地向外迈出交友的第一步。

　　人生就是一个不断学习的过程，我们在学习中进步，在学习中成长，在学习中告别曾经懵懂的自己，在学习中不断尝试挑战自我，迎接未来光芒四射的自己。

骄傲和浮躁万万不能要

人活在世上，要面对太多形形色色的诱惑。贾平凹说："只有学会拒绝才不会步入歧途。"而我说，拒绝浮躁才是成功的关键。

人们总是在为自己的失败寻找借口，有人说是我大意了；有人说是我不懂；也有人说是我放弃了。"放弃""大意""不懂"，其实都是浮躁的代名词。当今时代，因为浮躁而摔落马下的人不在少数。当轰鸣的机器声滤去了缠绵的鸟语，当便捷的键盘淡去了墨香盈盈的书册，当浮躁的欲望侵占了心灵的净土，是否连我们生活的天平也开始倾斜？

"拒绝浮躁！"我们每一个人都应该大声地喊出这句话！大声地呵斥自身浮躁的本性，将浮躁从自己的生活中革除，才是我们应该做的。

世上有两种人必定惨败，一种是懒惰之人，另一种是骄傲之人。前者什么事都想在"明日"再做，结果总是一事无成；后者瞧不起天下所有人，自认为自己最聪明，背后却常常招来他人的不满和怨恨。虚心的人，把成绩当作加油站；而骄傲的人，却把成绩当作了终点站，一动一静，一退一进，自然分明。

古时候有一位将军，打起仗来百战百胜，人们称他为"常胜将军"。有一次，他又打了胜仗，全城的百姓都来祝贺，将士们都向他敬酒，常胜将军非常得意。有人问："敌人还敢来吗？"他一言不发，双手举起一个500斤重的大鼎。大家齐声称赞："凭将军这身武艺，敌人再也不敢来了。"从此，常胜将军骄傲了。他不再习武、练兵，整天只知道吃喝玩乐。过了一段时间，常胜将军的军营里刀、枪生了锈，箭筒成了老鼠窝……就在这个时候，敌人又来进攻了，将军临阵磨枪，不战而败，成了"逃命将军"。

为什么"常胜将军"成了"逃命将军"呢？就是因为骄傲，就是因为人们的几句夸赞，他就浑身轻飘飘的，忘记了自己的本职工作，忘记了自己的真实水平，终日沉溺在过去的成就里，最终一败涂地。

记得有一位能力较高的"高材生"，他的一小段创业史告诫人们一个重要的道理：浮躁者不会成功。

事情的简单过程是这样的：

自从"交大物流"成功之后，他不仅借此收获了创业的经验，锻炼了统筹事务的各项能力，更是在同学们之中获得了"某老板"这一光荣

　　的称号。在随后的学期里，他又接连和同学们组队参加了几个创业性质的比赛，除了最初的一两个略有收获之外，其余的都收获甚微。按理来说，他不仅经验丰富而且创新力极强，他的团队更是经历了"交大物流"这一实践的磨砺，不论能力还是个性各方面都配合得很好，应该能够轻轻松松拿到名次的。但是，他们的"表现"却让我有些大跌眼镜。

　　后来，就在指导他们进行一次项目整改的时候，我发现了问题的所在。其实那次，我让他们解决的是一个很简单的"关于农村物流配送最后一公里的配送"问题，问题本身难度不大，只要动动脑筋、查查资料或参考一下别人的解决方法，就能轻松解决。但是，这位"久经沙场的高材生"的反应，甚至于整个团队的反应，都让我大吃一惊。

　　他们首先觉得，这个问题不算是项目的大问题，觉得没必要进行整改；其次，他们认为哪怕是存在这样的一个配送问题，自己的项目也能够在农村顺利地夺得一席之地。他们反而一味地强调，这是他们对于自己项目的自信，但我看得很明白，这就是浮躁。他们觉得创业很简单，轻轻松松就能成功，而不考虑用户体验，没有对项目进行应有的优化，没有考虑现在市场竞争压力之大，只是一味地盲目自信。最终的结果大家可想而知。

　　浮躁存在于我们每个人的身上，拒绝浮躁就能够离成功更进一步。骄傲和浮躁不论是对于现在的我们还是未来的我们，都是要不得的。拒绝浮躁，避免骄傲，你才会走得更远。

分享往往可以带来更多的感动

分享，是一种境界，也是一种智慧。分享爱，分享喜悦乃至分享痛苦，都是我们所需要的。欢笑，由两个人分享，快乐将会加倍；痛苦，有两个人分担，痛苦也将减半。把自己的关心分享给他人，他人也会将他的真心分享给你。只要我们懂得分享，快乐和幸福往往便会不请自来。

俄国伟大的作家托尔斯泰说："神奇的爱，使数学法则失去了平衡，两个人分担一个痛苦，只有一个痛苦；而两个人共享一个幸福，却有两个幸福。"的确，一个人不要老是埋怨生活给予了太多的磨难，也不必抱怨生命中有太多的曲折，学会分享，你会忘却生活的烦恼，你会感到生活更加丰富多彩。

幸福其实很简单，就是与他人分享。

有一个故事：禅师种了一院子菊花。秋天，菊香飘到了山下的村落，每当村里的人来讨要几颗想种在自家地院子里，禅师总是亲自挑选开得最鲜艳的几颗，挖好根送给这些人家。消息很快传开，来要花的人络绎不绝。不多日，院里的菊花就被送得一干二净。弟子们看着满院的凄凉，连声说："真可惜，这里本是满院飘香的，现在却一株菊花也没有了。"禅师却笑着说："你想想，这样岂不是更好，三年后就会有一村菊香？"这时，弟子们才恍然大悟。

与别人分享，比自己独占更惬意，更幸福。

分享是一种快乐。有句名言说得好：把你的痛苦与别人分享，你的痛苦会减少一半，把你的快乐与别人分享，你的快乐将会增加一倍。快乐，也许是一个人最大的财富，分享能够增加快乐，那又何乐而不为呢？

分享是一份幸福。能分担别人的痛苦和压力的，一定是诚恳的人，热情的人；能把快乐和资源同别人分享的，一定是友善、豁达的人。有人说，幸福其实就是一种心情，一种感觉。那么，懂得分享的人，一定是幸福的，因为精神上的分享不会使自己损失什么，却能使我们身处的这个世界充满温情。

分享是一瓢饮，滋润着友情和彼此的心田；分享是一抹霞，映照着无私和你我的星空；分享是一壶酒，恰似滴滴浓情，醇厚绵甜；分享是一群燕，剪来春光一片，锦绣灿烂；分享是一首歌，吟唱着生活和患难与共，才能走过明天；分享是一支桨，陪伴着人生，同舟同济，才会驶向彼岸。

做时间的主宰者

时间的脚步是无声的。冬去春来，天回地转，稍不留意，岁月就会从你身边悄悄溜走。它不会给延误时间的人以任何宽恕，也不因任何人的苦苦哀求而偶一回顾。它能使红花萎谢，绿叶凋零，会让红颜变为白发，让童颜变为老朽。时间是无情的，又是有情的。对于珍惜时间的人，它会馈赠以无穷的智慧和财富。面对时间，有些人也许是碌碌无为，而有些人可能茫然不知所措，但对于时间观念很强而善于调节时间的人来说，他会发扬雷锋钉子精神，努力把时间挤出来，每天都有用不完的时间。

《钢铁是怎样炼成的》主人公保尔·柯察金曾经对人生的意义有过经典的阐述："人最宝贵的东西是生命。生命对人来说只有一次，因此，人的一生应当这样度过，一个人，当回首往事时，不因虚度年华而悔恨，也不因碌碌无为而羞愧。这样，在他临死的时候，能够说，我把整个生命和全部精力都献给了人生最宝贵的事业——为人类的解放而奋斗。"人生确实对我们来说是短暂的，我们要用有限的生命去创造无限的价值。光阴似箭，逝者如斯；一寸光阴一寸金，寸金难买寸光阴。我们必须时时刻刻抓住生命的这根弦，让它弹奏出生活中美妙的音乐来。

慧慧，就是我的孩子里最会利用时间的一个人，用她室友的话来说，她就是一个可以利用每天刷牙的三分钟时间种下一株玫瑰，并让它开出花来的人。

大学四年，她或许不是成绩最好的那个，但却是生活最为充实的那个。她可以一边在学院的办公室里值班，一边完成自己的学习任务，顺便准备自己的会计从业资格证考试；周末她还帮两个孩子补习，一个是小学生，另一个是初中生，每周五晚上敷面膜的时候，她总会一边看第二天的补课内容，一边说："小孩子好辛苦啊，周末还要补习。"她却完全没有意识到自己周末也并没有休息；每天晚上她都会去操场跑上几圈，说是"只为了明天能够更好地工作"；大三的时候，她忽然决定要考研，所有人都以为她会停下自己忙碌的脚步，静下心来准备考试，却意外地发现，她依旧兼职不断，图书馆、体育场也一个不落；还趁着她的学生证可以用（享受景点门票优惠等），去各种地方旅行，真的是将生活过成了一首诗。

在毕业典礼上，她第一次向所有人说出了自己如此积极生活的原因，是因为她那重病在身的爷爷。她爷爷已经患病多时，每每提及最为遗憾的事情，就是他年轻的时候，浪费了太多时间，没能去做一些自己想做的事，没能去一些自己想去的地方。她如此珍惜时间，积极生活，一方面是代替爷爷完成他已久的宿愿，另一方面是受到爷爷思想进步的影响，将来不想给自己留下同样或类似的遗憾。

在当代，很多的人只惋惜一件事：日子太短，时间过得太快。所以一个人从来看不出做成了什么，只能看出还想做什么。或许就在你低头拼命玩手机的时候，你就错过了一段最为美好的生命。时间就是生命，倘若你懂得如何利用生命，那么一生的时间是够长的。既然如此，那就从现在开始，与时间赛跑，做时间的主宰者吧！

不经一番寒彻骨，怎得梅花扑鼻香

自古以来，无数名人志士推崇"坚持"二字。

"坚持就是胜利！"

"精诚所至，金石为开。"

"宝剑锋从磨砺出，梅花香自苦寒来。"

作为老师，自然也希望我的孩子们能够在面对艰难困境时，拥有淡然广阔的心境和不懈追求的毅力。我也一直这样努力要求着自己。

那一年，我只身一人来到台湾工作学习。当我离开学校时，想起学生们依依不舍的神情，我才明白，自己对他们的担心和牵挂。

那段时间，恰好我带领的几支队伍在参加大学生电子商务"三创赛"，以往我在学校的时候，他们都是每隔几天就找到我一起讨论比赛项目，为我试讲他们的路演 PPT。可是这一次，因为我远在台湾，不能在他们的身边一一指导，而省级决赛又近在眼前，参赛的孩子们都略感焦急。

"苗苗老师，您什么时候能回来呀？能不能赶在我们比赛前回来呀？没有您在我们心里没底。"

"老师，我们队进度还差好多呢，没有您在身边指导我们不行啊！"

于是，我们做出约定：比赛前每天晚上，我们都视频通话，沟通项目的进展情况。

这注定是一个非常困难的方案，因为学习和工作的原因，我每天回到住处时都很晚，再加上网络连接的不稳定，常常到深夜十一二点才能和孩子们通话，和每支队伍讨论。

那段时间，孩子们也异常辛苦，因为临近比赛，每个人的压力都很大。因为要等待和我视频通话，很晚都不能回到寝室休息，在我提出修改方案之后又要熬夜调整，以便第二天能有进展并向我汇报。而我因为需要辅导几支队伍，等到和所有队伍通完话，早就过了零点，天亮后又要早起工作，往往也会感到疲惫不堪。

但这样的疲惫，在看到孩子们充满干劲的神情时，便烟消云散。几次视频通话之后，孩子们比起我刚离开学校时，明显对于比赛更有信心，态度也更积极。

"苗苗老师，您刚走的时候我们真怕这次比赛做不好，还好有您每天跟我们通话。"

"苗苗老师，昨晚您说我们 PPT 里面的问题，我们都改好了，最新版已经给您发过去啦！今天晚上再给您讲一遍！"

"老师，我们觉得这次准备挺充分的，到时候一定好好表现，您放心吧！"

…………

每每想到孩子们对我说的这些话，心底就有一个声音：孩子们啊，每次看到你们为了比赛项目和我讨论到那么晚，网络连接不稳定的时候的焦急、能顺利通话时候的激动和开心、熬夜做视频改方案的疲倦……老师真心希望能够在你们身边陪伴你们。我们师生在这条路上，克服了这么多困难，这对于我们每个人来说，都是这辈子非常难忘的回忆呀！相信我们付出了这么多辛苦，最后一定会收获到想要的结果！

不得不承认，那段时间，我和孩子们都付出了比以往更多的努力，经历了更多的艰难。可正是因为我们没有知难而退，没有畏惧眼前的难题，而是努力想办法解决和克服，才会有这样一段难忘的珍贵回忆，才会有收获和成长。

相信我的孩子们，在时隔多年后，也会笑着回忆起当初深夜和队友窝在教室里与老师那一段段海峡两岸的视频通话，想起一遍又一遍修改的商业立项书，想起通宵渲染的参赛视频……自豪地说：我坚持过，努力过，我为自己感到骄傲！

第七章　生活的信仰是不败的心花

一次说走就走的旅行

安迪·安德鲁斯的《上得天堂，下得地狱：旅行者必须要有的人生态度》中有这样一句话：One should do at least two things out of impulse in his life: to forget yourself in a relationship and to go on a trip without a plan. 人的一生至少有两次冲动：一次奋不顾身的爱情，一次说走就走的旅行。这句话在孩子们大二的时候非常流行，青春年少的他们常常将爱情与旅行挂在嘴边，念叨着"一定要潇洒的摆脱世俗的牵挂，去做我想做的事情"。

二十岁的孩子们正值花样年华，年少轻狂是他们最贴切的形容词。就如歌中所唱"再不疯狂我们都老了，没有回忆怎么祭奠呢，还有什么永垂不朽呢，错过的你都不会再有"。年轻的孩子们常常喜欢留下冲动而无悔的青春痕迹，对于他们而言，一次奋不顾身的爱情或许还需要一个合适的对象，但是一次说走就走的旅行却没有那么多的约束条件，一个背包，一份勇气，你便可以踏上旅行的路程。

生在草原的我很能理解那种人与自然亲近的感觉，就像是到达了一个秘密的国度，在那里人们能够和自然畅快地交流，自然也能够倾听人心中的烦恼，安抚人心中的不安。天人合一的和谐状态能够让远离尘嚣、远离都市的我们感受得到难得的宁静，这时的世界就如一潭深水，涟漪微微，清澈见底，而我们就是岸边的一块小石头，映着水光，迎着微风，感受阳光的温暖，体会沙子的柔软。

在我接到小元打来的电话之前，我从未想过我所带的孩子也会真的说走就走，来一场一个人的旅行，但是小元显然出乎了我的意料。我接到他电话的时候，他已经在去往拉萨的火车上，他告诉我，他要去见一个挚友，他们要一起去拉萨，这是一个多年前的约定。

我联系了很多人，包括小元的父母、小元的挚友以及小元挚友的父母，确保他们都知道小元的这一次旅行，也确保了小元的安全，我才将心里悬着的那块石头放下。在这里，我也要为所有想要说走就走去旅行的孩子提个醒，一定要保证自己的安全！这是非常重要的一件事情。

小元就这样开始了他的旅行，后来他写下了一篇旅行日志，在里面记录了他旅行的所有心情，我将这篇文章附在这里，也将小元旅行的意义展示给大家。

我一向都不是一个洒脱的人，做事情总是思前想后，虽然也常常幻想着像是旅行这样美好的事，却一次又一次在犹犹豫豫中抱怨没有机会去实现。

但是，这一次，我也经历了一场说走就走的旅行。或许，也不算是一场说走就走的旅行，毕竟这是我和他们多年前的约定。

旅行之前的那个清明节，我在一堆琐事中度过，又带着满怀愁绪与苦闷回到学校。那天中午，她打来电话说："一年了，你猜他是不是在拉萨等我们？"顿时，我才恍然，原来他已经去世一年了。

曾经约好要一起去拉萨的三个人，一个他已经早早地走了，一个她就在距离拉萨最近的大学守望了一年，而我却在成都不知所措。

"你等我，我明天就出发，来拉萨。或许，他还在拉萨等着我们。"

当天下午，我去买了晚上的火车票，然后一路风风火火赶往火车站。上午还在上课，晚上便坐上开往拉萨的火车。

凌晨，火车上很安静，人们都睡着了。我把脸贴在车窗上，看见窗外黑色的山包，黑色的树影，黑色的世界的轮廓。世界一闪而过，突然觉得一阵感动，我的内心从未如此的平静。用 42 个小时的车程去赴一场生命的约会，就像是一场梦。

那真是一片神奇的土地。当火车进入青海地区后，视觉便惊讶于自然界的壮观！左边是阳光笼罩下金灿灿的黄土，右边却是银装素裹的高山。从青海湖，到唐古拉山，再穿过可可西里，一路和藏羚羊、牦牛一起奔跑，在那辽阔的青藏高原，那是人生从未有过的震撼。

去拉萨，难不难？难！是为现实羁绊，就像我们早已经约好一同前来，而他却再也看不到这高山，这流水。不难，皆因心向往之，就像我只是因为一个约定就执意前来。

到达的时候是中午，她一袭红衣在车站接我，老朋友给我一个大大的拥抱，说："他在这里等我们。"

一个人，说走就走的旅行，2000 多千米的距离，42 小时的等待；三个人，心向往之的拉萨，生与死的距离，无法触摸的友谊。当我站在布达拉宫前，才明白，为什么他如此向往拉萨。

蓝天、白云，高原、雪山，寺庙、喇嘛，大叔、游人，这儿真的很美。她说，拉萨的阳光能照亮被尘世蒙灰的心灵。红尘俗世，没有人能够一路单纯到底，但请记住，别忘了最初的自己。

虔诚的追梦人

"在茫茫人海中，我只看见了你。你在凡尘中独舞，世俗的讥笑，你全然不顾，带着一双明亮的灵眸，宛如一只想要飞上九天的凤凰。只是一眼，我便为你的意念而匍匐朝拜，一如磕长头、转遍千山万水的虔诚，信仰着你的坚定。"

"你脚下是奔腾不止的虚伪和伪善的洪流，而你却决然地纵身而入。耳旁咆哮着风声，凄厉而悠长，带着信念割裂现实地疼痛。在水光荡漾中，你依然坚定地向前追去。"

"你面前是绵延千里的空虚和寂寞的大山。而你却决然地没入其中。听着狼嚎鹰飞的战栗，恐怖而虚无，带着无尽黑暗中燃烧的烈火。在火光明灭中，你依然坚定地向前追去。"

"我瞬间明白了你的身份。我说，追梦人，追梦的路那么苦，为什么还要追呢？你回答我，没有梦想就没有我，我愿为它追逐一生！"

这是菲菲在参加研究生入学考试的前一天晚上写下的诗，写在一张写满了数学公式的草稿纸的背面。在所有科目考完之后，她将这首诗放在信封里，悄悄地放在了我的办公桌上。在这首诗的背后是一个关于追梦人的故事。

"如果一个舞者失去了舞蹈会怎么样？如果一只小鸟失去了飞翔会怎么样？如果一个追梦人失去了梦想又会怎么样？"我曾经问过一个孩子这个问题，我以为她会被我劝服，去坚持她的梦想，可是她却反问我："如果一个追梦人失去生命，那梦想又是什么？"我竟一时语塞。

菲菲是一个插班生，她在大二的时候来到了孩子们所在的班级，年龄稍大的她显得很是成熟稳重，当孩子们都在为科比退役的消息而意外时，她却淡定地说："或许比起一身的伤，退役是一个很好的选择。"

菲菲的学习成绩很好，特别是对金融类课程，她有着比其他人更强的领悟力。大三的时候，她参加了一个由金融系老师指导的 SRTP 大学生科研训练计划。她凭借自己极其优异的表现赢得了老师的认可，老师有意发展菲菲为她的研究生，却又碍于面子不想直接问她，便想通过我探探菲菲的口风。

当我向菲菲说起这件事情时，她眼中闪过一个惊喜的眼神，我以为她会一口答应下来，可是她却犹豫了。

"你不想读研吗？"

"想啊！我很想读金融的研究生！这一直是我的梦想。"

"那你是不喜欢那个老师吗？"

"不是的，做 SRTP 的时候，我就很喜欢她，我也很喜欢她的研究方向。"

"那你为什么还犹豫不决呢？"

"……"

"不要犹豫，你想想如果一个舞者失去了舞蹈会怎么样？如果一直小鸟失去了飞翔会怎么样？如果一个追梦人失去了梦想又会怎么样？"

"老师，您说的我都懂。只是，如果一个追梦人失去生命，那梦想又是什么？"

我很诧异菲菲居然会这样反问我，毕竟当时我还不了解事情的原委。后来，菲菲向我道出了心中的苦衷，我这才明白她的那句话是什么意思。

菲菲原本是 2010 级的学生，却因为一场大病不得不休学三年，直到 2014 年才重新回到学校，进入我们的班级开始学习。菲菲是多么的幸运，才能够战胜病魔重返学校。如果要读研，也就意味着菲菲需要考研或者保研，无论是哪一种都会为她增加身体上的负担。菲菲的父母希望菲菲能够顺利毕业，找一个轻松的工作，好好生活。所以无论是身体的原因，还是父母的期望，或者是年龄的因素，都使得菲菲想要放弃读研的想法，而菲菲却又不舍得放弃自己的梦想。

作为老师，我虽然能够为孩子们分忧解难，帮助孩子们做一些决策，却不能直接代替孩子们做决策，帮他们拿主意。所以在这件事情上，如果菲菲自己不愿意，我也不会勉强她。我很能理解菲菲的顾虑，同时我也很希望她能够实现自己的梦想。

后面的故事自然不需要我再一一赘述，菲菲还是坚持了自己的梦想，这也许就是追梦人的毅力。

那些年我们爱过的闺蜜和陪我通宵的兄弟

在互联网飞速发展的今天，社交逐渐变成了一个又一个的圈，大家环环相扣，谁也离不开谁。一直以来，我都觉得看孩子们的朋友圈是一件非常有意思的事情，因为他们常常会将生活状态分享出来，透过朋友圈就能够了解一个人。然而，孩子们却告诉我，最有意思的却是他们看自己的朋友圈，因为圈里有着别人完全不同于自己的生活。

仔细想想孩子们的话，好像也很有道理。就如同网络上阐述高考的那些经典语句所说的一般——"如果那年，我们多对或者多错两道题，那么现在会不会在不同的地方，认识完全不同的人，做着完全不同的事。高考的迷人之处，不在于如愿以偿，而是阴差阳错。"高考就像是一条水流湍急的河流，无数渡河的人被水流冲散，各奔东西，能够心手相连走到对岸的人的确是寥寥无几。

孩子们大三的时候，我担任他们"客户关系管理"课程的任课老师，就曾经接到过一个有点离谱的请假电话。电话一接通，我还没有说话，就听见电话的另一端传来阿宁兴奋的声音："苗苗老师，我要向您请个假，您一定要批准！我的闺蜜明天要结婚了，我一定要赶回去参加她的婚礼！"

第二天晚上，阿宁的朋友圈更新了一条动态，是一段长长的文字和一张她和新娘子的照片：

今天，我参加了这辈子最好的闺蜜的婚礼。她穿着华丽的婚纱，画着漂亮的新娘妆，站在新郎的身边，带着幸福的微笑。在我印象里的她，一直是那个歪着头等我挽过她的手的温柔的姑娘，没有想到她居然就要出嫁了。

曾经，我和她"相依为命"，度过了初中三年的时光。比起我的孤傲自闭，她更加活泼开朗，有很多人都喜欢她，而她却只和我在一起。她陪我走过三年的苦涩时光，现在她的身边终于有了一个愿意付出一切去换她安好的人，真的为她高兴。

在婚礼上，她对所有的宾客说，每一个人都应该珍惜眼前的人和事，找到属于自己的幸福，不要畏惧这个世界，要学会把心交给这个世界，才不会留下遗憾。虽然她是看着新郎说的这番话，但是在我看来，这番话是她特意为我说的，她一直都心疼我，所以总是希望能够帮助我敞开心扉，而在那一刻，我忽然顿悟了。

升学和她分开之后我一直很挂念她，常常想起当年我们在一起的时光。那些过去的时光，就像是梦一场，虽然我常常梦醒，但却依旧如在梦中，不断地回忆过去却又继续错过当下，此番往来，又是梦一场。

现在，她结婚了，而我还在学校。唯有珍惜眼前，活在当下，才能从那经年的梦中醒来。感谢你的陪伴，你一直是我梦中的女神！

大多数的孩子们和阿宁一样，在与新的朋友们保持良好友谊的同时，也会兼顾和老朋友、闺蜜之间的感情。这样的心情，同处一个寝室的室友们总是最能够了解的，只需要一个来自远方的电话，总能使得平时说普通话非常流利的室友在第一时间切换出许久不曾说过的乡音。

"你还好吗？""我很好。"简单的问答，却是久久不见的深情。

"闺蜜生日快到了，我要给她挑个礼物。"

"闺蜜最近在准备一个考试，我不敢打扰她。偶尔打个电话关心一下就好了，怕耽误她时间。"

"我闺蜜生了个女儿耶！好可爱啊！跟她小时候一模一样！"

"嘿，兄弟，我们很久没有开黑了！就今天晚上，召唤师峡谷，不见不散！"

"什么，居然有人敢甩我兄弟，是哪个女孩这么没有眼光？别难过了，你大哥我今天陪你不醉不归！怎么？没见过男人开视频喝酒的啊！"

大学生活缤纷多彩，我很开心看到孩子们将新友谊、旧感情都处理得这么好。生活就是一场华丽的表演，没有了闺蜜与兄弟怎么可以？

消失的奖牌，不灭的荣誉

2016 年 2 月，中共中央办公厅印发了《关于在全体党员中开展"学党章党规、学系列讲话，做合格党员"学习教育方案》，并发出通知，要求各地区各部门认真贯彻执行。学校严肃认真地开展了"两学一做"学习教育。

"两学一做"指的是"学党章党规、学系列讲话，做合格党员"学习教育。开展"两学一做"学习教育，是面向全体党员深化党内教育的重要实践，是推动党内教育从"关键少数"向广大党员拓展、从集中性教育向经常性教育延伸的重要举措。

2016 年 12 月,西南交通大学党委根据全校所有基层党组织的实际学习情况，召开了"两学一做"学习教育专项表彰大会，邀请全体学校党委常委，校属各党委、党总支、直属党支部书记、副书记及委员，校属各党委纪委书记、委员，二级单位主要行政负责人，受表彰的先进党支部成员、教师党员标兵、学生党员标兵、优秀教师党员、优秀学生党员，全校教职工党支部书记，学生党支部书记代表，部分党代表，离退休老党员代表参与表彰大会。我以教师党员标兵的身份受邀参与了会议。

与会前，我并不知道孩子们所在的电子商务本科党支部也在受表彰的先进基层党支部之中。当主持人念出"经济管理学院电子商务本科党支部"时，我难掩激动与兴奋之情，差点儿就和身后那群孩子们一样欢呼起来。

受表彰是一件喜事儿，然而古话说得好，"乐极生悲"，这不痛快的事儿便接踵而来——奖牌丢了。

接到党支部书记凯旋打来的电话的时候，我正在去往苍溪的大巴车上。

"苗苗老师，打扰您了。请问一下，您去领取教师党员标兵证书的时候是不是一并拿走了咱们党支部的奖牌啊？"

去往苍溪的大巴车要开好几个小时，一路上摇摇晃晃我竟有些晕乎乎的，忽然听到这样一个问句，竟有一些反应不过来。仔细询问了凯旋才明白事情的原委，周一召开的"两学一做"学习教育专项表彰大会，学校要求受表彰的个人和支部在会议结束三天之内去综合楼领取奖牌，今天孩子们去领取奖牌的时候却被告知，奖牌已经被领走了。孩子们还以为是我代领了，所以才打电话来问问。

"凯旋，事情我知道了，不过我并没有代领你们的奖牌啊！"我回答。

"哦，我知道了苗苗老师。不好意思，打扰您了，您路上小心，我要去找奖牌了！"凯旋匆匆挂掉了电话。

等我再次回到学院办公室的时候，那块闪闪发亮的奖牌已经完好无损地挂在了办公室的墙上。我这才发现，那是办公室墙上唯一一块属于电子商务班的奖牌。后来在与孩子们见面的时候，问起了那块儿奖牌的事儿才了解到，为了那块奖牌孩子们可是费了不少的力气。

从刚刚入学的时候开始，孩子们便是以"史上最牛的电商班"为奋斗目标，一直致力于打造一个和睦团结、活泼友爱、卓越优秀的班集体。直到步入大四，"时光机"成为交大唯二的电商班之一，大四课程很少，孩子们也都在忙着找工作、考研或是实习，而"史上最牛"这一目标似乎也被所有人忘在了脑后。

有一天，在学院办公室值班的敏敏在班群发了一张照片，那是学院办公室的勋章墙，会计、金融、工商管理、工程管理、管理信息系统的奖牌都有了，唯独少了电子商务的。

那段时间，电商专业可能消失的传言一直在经管学院盛行，大三的电商班正值课最多最难的时候，课程压力很大，学生工作也进入了最难的阶段，因而大三的电商班甚少关注这样的传言；恰好大四的孩子们课程极少，也即将毕业，在淡淡的毕业忧愁之余忽然想起了曾经的目标，便开始莫名地感叹起来。

"我们走了以后，大家还会记得我们吗？还会记得电子商务吗？"班长凯旋一个人低语。

"……"

凯旋是少数民族同胞，刚满十八岁便入了党，进入电商班一直都是班长，也一直都是电子商务党支部的支部书记。大四的时候，本应该从党支书职位上"退休"的他，却因为大三的那位接班人太忙而一直坚持了下来。

"反正电商党支部人少，管理起来也不费什么劲。只是，大三的党员太忙，大四的党员太懒散，怕是党支部也做不出什么成绩来了。管理管理，最后都只是完成任务罢了！"

"可是，党员不应该这样！电商党支部、电商班、电商专业都不应该这样！即使是最后一届，我们也是最优秀的一届！"

于是，凯旋带领着二十名支部成员向经管所有人展示了电商人的风采。全学院唯一一个校级示范活动是由电商党支部主办的；全学院唯一一个爱心书屋是由电商党支部成立并维护的；全学院唯一一个受表彰的"先进基层党组织"也是电商党支部。

"先进基层党组织"的奖牌被人误领，误领的人又因事耽搁，没有及时告诉我们，凯旋便带着支部成员跑遍了九里、犀浦两个校区的每栋楼，打过了所有可能知道奖牌下落的同学、老师的电话，才终于将奖牌挂到了学院办公室的墙上。

奖牌可以丢了，但是电商班的荣誉不能丢了！

永远的电子商务班

2015 年 6 月，学校和学院修改了招生和培养模式，招生采用大类招生模式，即刚刚入学的新生并没有分配具体的专业，而是统称为"工商管理大类"，直到大一结束升大二的时候才根据学生们自己的选择分配具体的专业。这是故事发生的背景。

电子商务，一个本就不算热门的专业在这样的培养模式下几乎陷入了困境——几乎没有人选择它。根据辅导员的统计，2015 级的同学（即第一届工商管理大类的学生）一共 297 人，在选择专业的时候只有一个同学选择了电子商务。这个消息传开的时候，2013 级电子商务班的孩子们已经大四了，几个性子活泼的孩子在班群里调笑道："三百个人里面只有一个人有眼光啊！好想知道他是谁！"而大多数的孩子们在得知这个消息的时候都保持了沉默。

作为一名在交大经管工作了好几年时间的老师，我也见证了经管里一些专业的消失，像旅游管理专业就是在 2007 年停止招生的。以前我不是很了解一个专业的消失对那个专业的同学会有怎样的影响，直到一次偶然的机会我遇到了一个有着相似经历的同学。

我曾经认识一个交大中药学专业的学生小刘，他是一个非常优秀的学生，无论是专业知识还是实战经验都非常丰富，毕业之后更是进入了财富 500 强全球第三大制药公司默沙东工作。而如今，在交大的专业目录里已经没有中药学这个专业了，他是中药学的最后一届学生，自从 2015 年 6 月他们班的学生毕业之后，交大再无中药学专业。

2016 年 5 月 15 日是交大 120 周年校庆，我在校园里偶遇了回来参加校庆的小刘。言谈之间总感觉他似乎有什么心事，后来他才淡淡地说了一句："刚刚听讲座的时候邻座的学弟问我的专业，我说我是中药学的，他说没有听说过。我这才想起交大已经没有这个专业了，总觉得好像有什么重要的东西不见了。"

那个时候学院已经在组织统计工商管理大类的学生选专业的意向，在已经上交的部分意向书中，暂时还没有人选择电子商务。再加上小刘的一番话，更是让我担心如果以后没有电子商务专业了，孩子们是不是也会像小刘这样失去应有的归属感。

"谁的时光机""我的时光机""冻死宝宝了""挖掘机技术哪家强""世界和平"，这些都是孩子们的班群曾经用过的群名称，但无论这名字怎么变，唯一不变的是永远的电商班。

永远的电子商务班，是那个开创了"交大物流"，规范了校园外卖配送方式的电商班；是那个获得了学校"先进基层党支部"表彰，奖牌在经管办公室挂了好久好久，成员全部来自同一个班的电商班；是那个创建了"书海鲸落"爱心书屋，让全交大所有的人都能用上免费教材的电商班；是那个全班27人，8人保研，4人考研成功，15人全部在12月底签好工作的模范电商班。

永远的电子商务班，是那个学院足球赛循环比赛 5 场没进一个球，却全班女生都来呐喊助威的电商班；是那个虽然好几次优秀班集体答辩都垫底，却全班同学相处融洽和睦，还经常在假期组团出去旅游的电商班；是那个或许没有了后来的电商班，却每一个人都无比优秀的史上最牛电商班。

永远的电商班更是我心目中独一无二的电商班。

第八章　被遗忘的时光

◇ 从校门到校门

◇ 我也曾是孩子，也曾手足无措过

◇ 我既要做学生们的老师，更要做
  学生们的朋友

◇ 爱是化解所有难题的催化剂

◇ 肩上的责任更像是甜蜜的负担

◇ 潜心为孩子们实践护航

◇ 在苍溪的日子

◇ 意外情况　收获意外

从校门到校门

我，在成为一名大学老师之前，从来没有对自己的人生进行过规划，更没想过自己有一天也会站在大学的讲台上。我这样说也许很多人会不相信，天天跟孩子们谈理想、谈目标的苗老师，竟是这样一个没有人生规划、没有伟大理想的人。

在过去的人生中，我只有阶段性的短期目标。读书，只为下一站最好的学府而奋斗；考试，只为最终的突出成绩而奋斗；上课，只为一堂精彩的课程内容而奋斗；比赛，只为最终输赢而奋斗。终于，我踏进了学历教育的巅峰之门，而进门之后的我，竟然从来没有规划未来的人生方向，这可是大学中最重要的一门课程"职业生涯与发展规划"，而当时我唯一的目标就是赶快毕业。

和我的学生孩子们在一起的时候，他们曾经问过我，我为什么成为一名教师？我后来仔细的思考之后发现，让我成为老师的原因，竟只是当年我导师的一句话："苗苗，毕业以后来峨眉帮我，峨眉校区还没有博士。"当年没有理想的我，恰恰将帮助别人视为了自己人生中最大的理想，也才成就了我自己的职业生涯。

导师王成璋是我的授业恩师，他把我从本科生培养成为研究生，又从研究生培养成专注科研的女博士，再从专注科研的女博士培养成一名人民教师。当年导师的一声邀请，我没有丝毫犹豫便选择留在导师身边帮他。伴随着博士生涯的结束，兜兜转转，我最终也选择了留校任教。像其他老师一样，我开始了走上讲台上课，走下讲台写论文的工作方式。

大学教师的生活就是在科研与教学之间拼搏，在课堂与论文之间选择，我只是世界上万千老师的一个缩影。虽然现在的我依旧没有梦想，但是我却有了一个小小的目标，那就是不懈地努力，成为一名学生心目中的好教师。

八年的教学经历，八年陪伴孩子们一起成长，从校门到校门，从座位到讲台，我实现了自己身份的转变，真切地体会到了每种角色内心的真实感受。我无法说教师这个职业是我的儿时梦想，因为那时的我，根本不知道除了三尺讲台之外，老师这个身份所承载的价值。但是，当我走出校门，又再次走入校门，从讲台上，到生活中，伴随着身份的改变和时间的推移，伴随着学生们一封封书信的反馈，一条条短信的倾心诉说，我知道，我的一举一动都在影响着孩子们的人生。

　　教师是这个世界上最伟大的职业之一。他的伟大之处就在于他可以改变很多人的一生。医生可以拯救人的生命，而我却是一名教师，幸运到可以同时为几百个生命去指引方向。为此，我心存感激。

我也曾是孩子，也曾手足无措过

在担任孩子们的班导师之前，我曾经长时间地担任大学里的一名普通学者。作为一名学者，我很清楚我应该做什么、怎么做。然而，对于这个新的称呼——班导师，我却常常会感到陌生。

在最初接任工作的那段时间里，我甚至不知道应该怎样去对待孩子们，是应该严厉或是应该包容。我一直希望能够让孩子们真实地感受到我的爱，所以每一次收到你们的短信我都会很小心地回复，我不希望因为我不经意间回复的一句话而让你们受到伤害。

正所谓"好言一句三冬暖，恶语伤人六月寒"。我作为老师，定然不会对自己的学生恶语相向，但是很多时候，特别是当我们的关系亲密起来的时候，你们会常常跟我分享你们心中的"小秘密"，并希望我能够对你们的一些私密的事情做出指导，每每在这个时候，这个"好"与"恶"的度常常让我感觉难以把握——我生怕自己过于严厉的语气会伤害到你们小小的自尊心，但又怕温柔的语气让你们感觉不到事情的严重性。

在这件事情上，我的心理矛盾，我的彷徨，你们或许从未想到过。为了比较完美地解决这个问题，我也曾经没日没夜地思索，渴望能够得到一份比较准确的量纲，让我能够妥善地把控语言中严厉与鼓励的比例。但毫无疑问，这样的量纲并不存在。

2014 年的六一儿童节，我女儿所在幼儿园组织了一个大型的亲子互动项目，家长需要全程和孩子一起完成各种各样的游戏，并在最后观看孩子们自己排练的汇报演出。

女儿在很早的时候就已经跟我说过这个事情，我也满口答应了她说妈妈一定会和她一起参加那次活动。然而在儿童节的前两天，我被安排了一项紧急的工作，致使我可能无法参与女儿幼儿园组织的活动，而孩子他爸这时正在外地出差更加不能来陪女儿。

当天夜里，我躺在床上辗转难眠，心里想着应该如何跟女儿解释这个事情。冥思苦想之后却依旧没有想到适合的对策，而这时我的思绪却渐渐飘远，回想起自己在小的时候也曾经遭遇过类似的事件。那是我小学时代的一场普通的家长会，爸爸妈妈都没有空去参加那次会议。于是第二天家长会时，同学们都开心地领着自己的爸爸或妈妈到自己的位子上就坐，只有我一个人呆呆地坐在座位上，手足无措。

直到那一刻，我才领悟：我也曾是孩子，也曾手足无措过。

就像那场遥远记忆当中的家长会，让我深深地感觉到了当一个小孩子在参加这种亲子互动的活动时，没有父母在身边的凄凉；就像当年我第一次远离家乡到大学念书，初次体验到一个人在其他城市生活的孤单和个人成长过程中难解的疑惑。

在成为一名学者、一位班导师之前，我也曾是一个小小的孩子，遭遇过家长会没有父母来参加的尴尬，所以我不会让我的女儿也遭遇同样的尴尬；我也曾经是一个普通的大学生，远离家乡在外求学，一面独自承受着离乡背井的孤单，一面还要忍受来自师长的严厉的批评，所以我希望我的孩子们能够得到更多温暖的关心和温柔的鼓励，而不是冰凉、尖锐的批评。

严厉并没有错，但是在更多的时候，身为老师，还是需要换位思考，站在孩子们的角度去思考问题，去感受孩子们所承受的压力，去体会孩子们心里的想法。

班上的小 B 同学就曾经经历过这样一件事。

小 B 是一个性格比较腼腆的男孩子，平时也很是乖巧听话，甚少与人起冲突。由于同寝室的一个男同学总是喜欢熬夜打游戏，严重影响了小 B 同学的休息，在多次劝说无果之后，小 B 决定搬到校外居住。却不曾想，刚刚搬出去的第二天，小 B 就在公寓的楼下遇见了住在同一个小区的辅导员老师。

辅导员老师知道小 B 擅自搬到校外居住之后非常生气，把他叫到办公室里狠狠批评了一顿，还说出了一些比较激烈的言辞，让小 B 感觉非常的尴尬以及难堪，最后小 B 痛哭着离开了办公室，甚至于几个月后小 B 向我转述这件事情的时候都忍不住又哭了起来。

或许小 B 同学的性格比一般的男孩子腼腆、懦弱了些，但是作为老师，在对孩子进行批评教育的时候，应该时刻关注孩子的情绪。如果孩子已经认识到自己的错误了，就不要再喋喋不休、过分责怪。也绝不应该用同样的一套说辞去批评教育所有的孩子。因材施教，先圣们在很久以前就已经提倡了。

谁以前不是个孩子呢？谁过去没犯过点儿错误呢？当孩子们因为迷茫而向你求助的时候，当孩子们因为犯错而手足无措的时候，请不要过分地责怪他们，温暖的手段往往比强迫的驱使更行之有效，温和的方式也更容易达到目的。

仁慈和温和远胜过强迫。对待学生，尤其是遇到冷酷棘手的问题时，要用温度去感化，就如同坚冰只能用火焰去温暖一样；相反，对待学生如果只是一味地给学生压力或者用成绩来逼迫他们，则未必可以获得成功。暴力和冷暴力都永远是无法令人心服口服的，反而是温暖、尊重和理解，能够让人心生欢喜、心悦诚服。

四年的时光，我和孩子们在一起成长。我逐渐了解了每个孩子的特点，知道每一个孩子有着怎样的特质，应该采用怎样的教育手段；我也知道如何比较合适地拿捏分寸，怎样与孩子们保持亲密而又不偏离教育的宗旨。

感谢时光，感谢学生孩子们，让我也从一个孩子真正变成一个老师。

我既要做学生们的老师，更要做学生们的朋友

"师者，传道授业解惑也。"韩愈在《师说》开篇如是写到。作为一名老师，我是非常赞同这一说法的。"传道"，就是传播道义、道理、道德，让学生树立"道"的信仰，并提升个人品质和人格素养。

古往今来，大德之人往往名垂青史，光照后世，廉如伯夷，信如尾生。这些人，并非是他们大脑的沟回有多么的曲折，智力有多么发达，而是他们美好的品德使得自己熠熠发光。与此相反，世界上也有很多天才式的人，因为道德的缺失而扰乱社会治安，甚至于危害整个人类。

由此可见，"教人求真"便是老师传道的一种重要体现，它甚至凌驾于授业之上，这也就是为什么古人云"做人比做学问更重要"的内涵所在。

而我是孩子们的班导师，既然称之为师，我便有着上述的"传道"之重责，我必须小心谨慎地向学生们传道，绝不让自己的主观情感凌驾于理智之上，更不能打着客观的幌子，向受教育者灌输已经被主观化了的所谓事实。然而，曾经一度，我也如同大多数的老师那样，只是一味小心翼翼地"传道"，生怕在讲解某一部分的知识时变得有失公允，这也导致了"传道"内容变得死板、生硬，与学生之间的关系变得冷漠、疏离。

大学之中，学术风气应该是开放的，思想也应该是自由的。正如言论是自由的，老师可以在课堂上长篇大论自己的观点，而不拘泥于课本。同学们就需要对获取的这些信息进行加工和分析，然后提炼成为自己的观点，也可提出不同的看法。在这个过程中，孩子们总会产生出自己的问题与疑惑，这时，师者的又一职能——解惑，相应产生，继而又得到了发挥。

如果说"传道授业"职能，让我成了孩子们的老师；那么，"解惑"这一职能，则让我成了孩子们的益友。在这个互联网下没有任何秘密的年代，孩子们总是小心翼翼地守护着自己的想法和秘密，能够有机会听到他们内心想法的人，除了是他们的益友之外，更重要的是要获得他们的完全信任。于是，"解惑之师"变成了"解惑之友"。只有成孩子们的朋友，才有机会去真正了解他们，了解孩子们心中的想法，清楚孩子们的长处与短处，进而才能更好地为他们"解惑"。

这种亦师亦友的关系，最让人欣喜的部分就是——对孩子们而言，我既是老师，也是朋友；对我而言，孩子们也既是学生，又是朋友，甚至可以是老师。不要以为自己是孩子们的老师，就一向以老师的姿态自居，在一些"年轻人的领域"，孩子们往往比我这个老师还懂得多。

比如，在网络流行语的使用方面。我就曾经在孩子们面前闹过一个不小的笑话，关于"宝宝"这个网络词语。

那是 2015 年的冬天，临近期末考试的那段时间，天气寒冷，孩子们又要考试了，交大图书馆由于安装了空调，所以座位变得十分紧俏，没有占到位置的孩子就只能到冰冷的自习教室去自习了。

那一天，早上刚刚下过了一场小雨，北风一直轻轻刮着，天气比平常还要冷上几分。早上十点多的时候，我闲来无事刷朋友圈，看见班级里的敏敏同学在十分钟之前更新了一条动态，她写着"冻死宝宝了"，配图是一张她一个人缩在自习室的角落里紧紧裹住大衣的照片。

看到这条朋友圈，我顿时脑子里闷响了一声，又想起刚刚入冬的时候敏敏似乎比平时胖了些，但是我却从来没有在任何人那里听说过她有男朋友的事儿啊，难道是出了什么大事儿吗？

我越想越觉得不对劲，想给她打电话问清楚具体情况，却又害怕她不肯说。思前想后之后，我还是拨通了敏敏的电话。

"喂，是敏敏吗？"我尽量抑制住自己的情绪，让我的语气听起来和平时无异。

"嗯，是我啊！苗苗老师，您找我什么事儿啊？"电话那头传来敏敏轻松愉快的声音。

"你还在自习室自习吗？你有没有什么话想告诉老师啊？"我试探性地问着，希望她直接把事情告诉我。

"啊？"敏敏的语气听起来有些疑惑，"嗯，我没什么事情要跟您汇报啊？"

我一听，这敏敏还在跟我打马虎眼呢！我赶紧说："敏敏啊，你别怕，老师最爱你、最关心你了，你遇到任何情况都可以跟老师说哦，老师不会生你的气的！"

敏敏听见我这么说，还以为她自己做错了什么事儿，慌张地说："老师，我真的没有做错什么事啊！"

我看敏敏一直拒不承认，心里有些急了，这么大的事儿居然还想继续瞒下去吗？就直截了当地说了一句："敏敏啊，我看见你发的朋友圈了。你就老实回答我一个问题啊，那'宝宝'现在在哪儿呢？"

听我这么一说，敏敏有些懵了，喃喃道："什么宝宝啊？"

我当时心里急得火急火燎的，听着敏敏的回复感觉她像是要继续装傻了，正准备严厉地教育她，电话那头的敏敏又开口说话了。

"哦，我明白了！苗苗老师你误会了！嘻嘻嘻……"然后，敏敏居然在电话那头笑了起来。

这句话把我搞得一头雾水，赶紧问道："我误会什么了？"

"因为，我就是那个'宝宝'啊！'宝宝'就是我，我就是'宝宝'！"敏敏解释道。

·············

后来，我才在敏敏的解释以及百度的帮助下，知道"宝宝"这个词的用法。这是我至今难忘的，自己在网络用语方面闹的一个大笑话。从那之后，我便经常让孩子们跟我讲一些我"听不懂"的词语。

"传教之师"竟然也需要学生们来帮助她学习网络用语，因为老师和学生的关系可能只是单向的，但是"解惑之友"的朋友情谊却是相互的。成为孩子们的朋友之后给我带来的改变，是始料未及的。朋友之间的亲切之感，竟然会突破师生之间传道授业的隔阂，将距离拉近，将气氛柔化。我们之间既是师生又是朋友，既有"传道之师"之谊，又有"解惑之友"之情，情谊深切至此，自然会相互帮扶，共同进步。

爱是化解所有难题的催化剂

在制造业中，很多时候，产品的制成率（合格品相对于投入的全部材料的比率）往往很难提高。在这个时候，管理者们首先要做的，就是迈开双腿走进现场，然后带着爱，用谦虚的目光，对产品进行仔细地审视和观察。

如果你真的能仔细聆听，产品的问题或者机器的故障，就会自动地呈现在你面前。你会听到从产品或机器里发出的窃窃私语，而它们会帮你找到解决问题的线索。这就像高明的医生，只要听到心跳声和心搏数有异，立即就能感知患者身体的异常一样。倾听产品的声音，用心观察产品的细节，就能明白问题和差错的原因所在。

京瓷产品，大多是电子领域使用的小型零部件。在某种新产品刚刚被工厂车间问津时，它的制成率、合格率或许很低。然而，要发现其存在的问题很不容易，这时的领导就得像医生那样，总带着听诊器进诊疗室询诊病情，确诊病况。

一次偶然的机会，我应专业工作团队的邀请，一起前去京瓷厂进行某新产品变形问题的调研工作。进车间时，我总是带着放大镜——特制的放大镜由多枚透镜组成，用一枚镜片可以放大 5 倍，用两枚就可以放大 10 倍。我经常用这种放大镜对试烧制成的产品，逐个进行细致认真的检查。哪怕只要检出一个很微观的小"缺陷"，就会出现不合格的产品。我是绝对不会放过去的。

如果找到了不合格产品，就会听到产品的"哭泣声"。当你把一个个产品完全当作自己的孩子，满怀爱，细心观察时，就必然会获得如何解决问题、如何提高制成率的启示。

发现问题所在，就得深究其原因，从中施以相应的办法，将问题解决。此话说起来容易，做起来却很难很难。

制造新型陶瓷产品的主要过程是，首先要将原料粉末成浆后沉淀，再固定成型、烘干，然后放进高温炉内烧结、慢冷却。相对于一般陶瓷的烧制温度在 1200 度左右，这种新型陶瓷，要求在 1600 度的高温中烧结而成。按找传统的常规技术，制造很难成功。

当温度达到 1600 度时，火焰的颜色不是红色，在戴着特制眼镜观察它的时候，它会呈现出一种特别刺眼的白光。根据实地观察，我们发现该产品会出现变形的问题是因为将成型的产品放进这样的高温炉中烧结时，产品会一点一点地慢慢收缩。收缩率高的，尺寸大约会缩小两成。最难以掌握的是，这种"收缩"在各个方向上并不均衡。这种精微产品，稍有误差，就会成为不合格产品。

除此以外，这种类似板状的新型陶瓷制品烧结时会出现收缩率的不一致，出现不是这边翘起来就是那边弯下去，烧出来的产品就像干鱿鱼一样的情况，一点也不合标准。对于这种新型陶瓷产品为什么会弯曲，不规则变形的问题，经查阅，在已有的研究文献中都没有相应的记载。技术人员们也只能自己作出各种假设，然后反复试验。

在这个过程中，我们弄清了一点，那就是原料放进模具加压后，因为上面和下面施压的方式不同，产品各部位的密度也就不同。通过反复试验的结果发现，密度低的产品下部收缩率大，因而发生翘曲。然而，虽然弄清了翘曲产生的机理，但要做到上下密度均匀却仍然很难。

这时，为了观察产品究竟是怎样翘曲的，我们就在炉子后面开了一个小孔，通过这个小孔观察炉内的瓷化成型状况，观察在什么温度下产品会弯曲、如何弯曲、它还有什么别的变化等等。果然，随着温度升高，产品就翘曲起来了。我们通过研究，尽力改变制作工艺和条件，但经过多次试验，无论怎样改进，产品在烧制过程中还是像一只会动的生物一样，悄悄地蜷曲起来。

在观察的一瞬间突然灵感来了："在高温烧结时，只要从上面将板状产品压制，它不就翘不起来了吗？"于是，我们就用耐火的重物压在产品上烧制。结果，问题终于圆满解决，平直的产品做出来了。其他形状新产品的变形问题也迎刃而解了。

这个例子说明，向工作倾注的爱，就是最好的老师。当工作遭遇困境，迷失方向时，你向工作倾注的爱与热情，就能让你听到产品发出的"窃窃私语"，从而帮你找到解决问题的线索，使你的工作开始新的进步和发展。

爱，是化解所有难题的催化剂。就如同春天的足音，可以引出莺歌燕舞；夏天的雨露，可以渲染出万紫千红；而教师的爱，可以换来学生健康快乐地成长。爱，是付出，就像春雨一样滋润万物；爱，是给予，就像阳光一样普照大地；爱，是奉献，就像空气一样无处不在。爱的点点滴滴汇聚成了我们的生活，而我们的生活中，也因为四处洋溢着的爱，而变得越发快乐和幸福。

当我的情绪变得焦躁，就想要去见一见我可爱的孩子们。如此一来，我浑身的负面情绪就会立刻消失。因为我知道，我，绝对不能把这些负面情绪，带给我的孩子们；当孩子们之间因为矛盾而吵架，我知道他们一定会很快和好，因为他们一定不忍心失去这段深厚的同学友谊；当我在为大赛的事情忙得不知头绪反而招致别人的不解时，只有我自己心中明白，支撑我一直奋斗下去的就是我的孩子们；当孩子们共同为了 2013 届电商班的荣誉，认真准备班级答辩而熬夜时，我知道他们的目的是为班级争得一分荣誉。

因为有爱，所以我们能够坚持下去。所以，能够突破层层阻碍获得成功。爱的力量可以感化一切，无论是我对孩子们的爱，还是孩子们之间的爱，或是孩子们对班级的爱，这些爱都能帮助我们在前进的道路上一路披荆斩棘，畅通无阻。

肩上的责任更像是甜蜜的负担

对自己的工作或者自己生产的产品，如果不注入深沉的关爱之情，事情就很难做得出色。

在现在的年轻人中，流行着这样的观点——工作是工作，自己是自己，要把"工作"与"自己"分开，让两者保持一定的距离。我认为这样欠妥，要做好一份工作，就应该消除"工作"和"自己"之间的距离，要悟到"自己就是工作，工作就是自己"的程度。"工作"和"自己"本就是密不可分的一个集合体。工作时，要连同身心一起全部投入于工作之中，达到"自己"与"工作"融为一体的感觉，这样才能牢牢地抓住工作的要领，将工作真正做好。

京瓷的又一突破。在京瓷创建后不久，曾制作过用于冷却广播机器真空管的"水冷复式水管"产品的企业，因为其技术人员辞职的变故，而用户就将订单发到了京瓷厂。但是，京瓷以前只做小型陶瓷产品，这种水管尺寸太大（直径：25厘米，长：50厘米），用的又是老式陶瓷原料，属性不同，并且要在大管中通小冷却管，结构看似简单，实际生产的工艺与技术要求高，难度大。

当时的京瓷，不具备制造这类产品的设备，也没掌握相关的技术。尽管如此，由于客户盛情难却，厂家还是把订单任务应承了下来。当时，我刚好跟随专业工作团队在京瓷厂进行调研工作，刚好见证了京瓷厂的技术工人们为了做好这一产品付出的辛劳。

比如，在用料方面，京瓷厂采用的原料虽然是和一般陶器相同的黏土，但因为尺寸很大，要让产品整体均匀干燥极为困难。在项目刚刚开始的时候，几乎在每一次成型、干燥的过程中都会出现干燥不均、先干燥的部分发生裂痕的现象。经过多次会议讨论之后，技术人员得出初步结论——造成这种结果的原因可能是干燥的时间过长。于是，大家尝试在缩短时间上下功夫，但结果仍不理想。技术人员们用了各种方法反复试验，最后想出一招，就是在尚未完全干燥、还处于柔软状态的产品表面卷上布条，再向布条上吹雾气，让产品慢慢地、一点一点地实现几乎同时整体干燥而无裂痕。

但是，产品的新问题又随之产生。产品相对太大，如果干燥时间过长的话，产品会因为自身的重量发生变形。为了防止变形，大家又开动脑筋，想出了各种各样的办法，但仍然解决不了问题。在无计可施的情况下，一位技术人员决定试着抱着水管"睡觉"：他在炉窑附近温度适当的地方躺下，把水管小心翼翼地抱在胸前，整个通宵一直慢慢转动着水管，用这种方法干燥，同时防止水管变形，最终京瓷顺利完成了水冷复式水管的制造任务。

在现代化的今天，虽然这种带着泥土气的、低效的做法不甚讨喜，甚至令人生厌，但是，不管时代怎么进步，干活时自己手上沾泥带油的这种方式，却是对工作具有极大热情的体现。如果没有热情，我们就无法在工作中、从心底品尝到那种成功的欣慰，更谈不上积极地去挑战和克服全新的、艰难的课题。

或许，就是因为这种执着的工作热情和最"土"方法的启迪，未来会有更好更大的发现或发明而诞生。

此事此举，感动了客户，感动了京瓷，也感动了我很多的学生孩子们。

感动之余，回想起自己第一次当班导师的场景。我知道自己身上担子的沉重，我害怕自己做不好，更害怕孩子们没有一个好的未来。但是，更多的时候，当我真正热情地投入到工作中时，我发现身上的担子更像是甜蜜的负担。因为当我走进他们的心灵世界时，我竟然发现原来生活还可以这般精彩。那时，我才感到自己在成为班导师以前，生活更像是一杯白开水，平淡无味。自那之后，我的生活更像是一杯咖啡，初尝有些淡淡的苦涩，但细细品味，就会发现甜蜜的滋味蔓延全身心。

因为你们，我很开心地挑起了身上的担子，并且甘之如饴。

潜心为孩子们的实践护航

师生勤于沟通，善于共通研讨，才会共勉。

我无意中随手翻阅到之前自己的一则教学感悟，情不自禁地勾起了一些有关的回忆：

那是一个盛夏的夜晚，窗外的小雨虽然淅淅沥沥不停地下着，屋内的气温却依然闷热。我还是习惯性地坐在了书桌前，一面反思着最近一段时间自己的教学工作，一面在反思总结着所经历过的许多事情。静静的屋内，时钟的嘀嗒声和空调的制冷状况存在与否，我毫无察觉，只是在想：课程的教与学，基于本章国家教委教学大纲要求，院校教研组所拟定的教学计划与自己完成本计划的实施方案。

我认为，理论课，教师在课堂上应少来那些空头的理论说教满堂灌，而应放下架子，直接参与教学主体即学生们对知识要点的分组分类探讨，激发他们学习的积极主动性，鼓励他们对关键问题提出看法和见解，调动他们的创业智商潜能，让他们亲自动脑去设想。实践课，更应该是理论联系现实，让他们亲自动手去参与操作，激发他们的发明和创新梦想！教师，只要当好知识探索的参与者和护卫者就可以了。

记得有一次，我带领班级的孩子们去异地一家知名商管企业参加实践活动。学校距离这家企业不算太远，我们上午 8 点多一点就到达了目的地。这家企业当时给我的印象是令人震撼：企业的标牌简捷醒目，建筑精湛别致，环境幽雅洁净。

我们按约被候在单位门口的企业领导直接领进实践场所。这位企业领导，他着装严谨，年纪不大，说话平易和蔼。通过他一些简单的专业术语介绍，我们能感觉到他是一位经验丰富的实战派。

于是，我们师生们就直接切入实践主题，按专业科目计划和兴趣分组，在该企业相关人员带领下，分头行动：有的小组观看了企业的微机室，里面几位操控工作人员在各自的电脑显示屏前有条不紊地忙碌着：有的间或熟练地点击几下键盘，有的间或慢慢地移动着手中的鼠标，有的间或情不自禁地皱起了眉头……他们的共同表现是：每个人时刻都在目不转睛地注视着各自所操控的电脑屏幕，根本无视我们这些玻璃窗外实习者的存在与关注。

　　有的小组走进了企业资料室，各种工商管理书籍分门别类，各科室的各项工作目标计划，工作程序和实际操控记录，样样整洁俱全。我们实践小组的学生们，一边小心翼翼地翻阅着自己认为重要的资料，一边如饥似渴地向企业的引导人员询问请教。

　　有的小组去了企业管理研究室，有的学生甚至直接就有关营销难点与引导人探讨起来：诸如当今公众认可的电商阿里巴巴、天猫、京东等与古老的传统营销策略有什么异同？实体企业的未来发展，如何才能正确地引导和赢得市场，即持久地维护老客户不断吸纳新客户？从商家到消费者，如何才能把握好各级服务性管理环节？有关企业的发展计划设计问题，人才的培训和客户服务问题，产品营销的成本与效益等一系列问题，学生们通过将在学校学习的理论知识与实践联系起来提问，分析疑难问题的现实性和潜在性，均找到解答。

　　之后，在该企业会议室的总结会上，学生们奇思妙想的提问和探索兴趣丝毫不减。看到他们对问题解答后的频频点头，看到他们亲自实践后的欣喜笑容，看到他们对该企业领导能力的钦佩和对普通工作人员的严谨态度及工作经验的认可……可以感觉得到，他们受益匪浅，他们服了，他们也明白了自己的不足，也认为枯燥的理论如果能与实践结合起来，就变得很通俗易懂了。

　　这样的实践活动，属于理论与实际沟通的范畴。当然，人与人勤于语言和思想的交流，也明显属于沟通之列。

　　还记得有一次课余时间，也是夏天，室外不是太热，我在室外又和许多学生孩子们一起闲聊。当时我们谈天说地，真是言语无忌，海阔天空，似乎没有任何主题……

　　一位靠近我的女生笑着对我说："老师，一年多来，我们感觉你和我们其他的导师不一样，你没架子，有事没事的经常和我们'混'在一起，不管在一块儿的时间长短，不论我们说的对不对，你总是没有指责，总是那么善解我们。"

　　另一位女生也插了一句："不知道为什么，总感觉你很像我们的亲姐姐，在你面前，我们心里总是藏不住任何秘密。"

　　一位男生也接话道："去年的省级知识大赛，要不是你反复地给我们团队亲临支招，我们做梦想也不会那么顺利地几次比赛都能拿到第一，后来竟然获得了一等奖。"

　　我当时只是笑着和他们说："咱们是谁呀？咱们就是不怕拼那伙的。你们不怕，我还怕啥？况且，我也不是完人，你们将来能出色超过我才对！"

　　是的，只要孩子们愿意努力，敢于大胆地钻研创新，老师就应该当好他们的助推器！

　　事实确实如此，平时的沟通和交流是我与孩子们不可或缺的一个重要环节，我们根本不受时间地点及形式的拘束。有时，我深夜接到个别孩子给我发来的课题求解信息，我毫不犹豫地就回了；有时，我节假日在家里也招待过突然来访的孩子们；有时，我出差还被有些孩子们的电话追问过。我感觉，孩子们和我是一个整体，好像时刻都未分离，好像经常在一起。

　　我认为，这是一种师与生，在教与学工作中无时无刻无处不在的沟通与交流效应。这种效应隐喻着一种无间的默契与信任，这种默契和信任可以激发出孩子们无穷的大胆创新潜力，为孩子们的大胆实践和创新护航，是我光荣的选择。

在苍溪的日子

从 2015 年 5 月 11 日开始，我随苍溪交通运输局纪检书记李太军、扶贫移民局纪检书记穆书记、农建中心工作人员刘东一起，对苍溪县农村公路债务情况进行了核查，我们一共走访 15 个乡镇，16 个村，对 145.91 公里的道路进行核查。合计对 2974.97 万元的债务进行核查，最终结果为 2416.35 万元债务。也正是这次检查，让我有机会走进了山区幼儿园的课堂，实实在在，真真切切地体会到了山区孩子们对爱的渴望和对简单生活的需求。

我无法说这些孩子会对未来生活有无穷无尽的畅想，因为他们还小，他们也许不懂得未来是什么；我不能说他们对美好生活的渴望，因为他们甚至没有办法用自己的思维去构造幸福生活的美好蓝图。幼儿园的唯一的老师，同时身兼保洁阿姨和做饭师傅；一个教室，里面的孩子从 2 岁到 7 岁不等，这群孩子都是终年看不到父母的留守儿童；一顿无肉少油的午餐，却是孩子每天唯一的期盼；一张桌子，上课，吃饭，午觉，无需更替……

作为老师的我，被眼前的一幕深深地触动了，那个场景在某一瞬间铭刻在我的心里。我在心里轻声地对孩子们说："孩子们，我好想让你们像我女儿一样感受这世界的美好……"你们要看书，要认字，你们要午休，要把身体养得棒棒的，你们要感受这世界对你们的爱，因为这样，你们长大了，才懂得去爱别人。

我知道我的力量太小，根本无法实现我想带给他们每个人的爱的愿望。幸好有我无数好朋友的鼎力相助，才让孩子们在阴霾中看到了阳光，在破旧的教室中感受到了温暖。

回来的路上，我在朋友圈中发布了一条消息，用图描述了孩子们的午餐，午休，生活，学习环境，希望通过我们的帮助，孩子们可以感受到这世界上最真挚的爱。

5 月 24 日，来自西南交通大学经济管理学院 2014 MBA 班，五辆装满爱心物资的爱心车队来到黑山村，为该村的 22 名留守儿童送来了午休的小床、温暖的被褥，图文并茂的书籍、精巧可爱的文具和分享幸福喜悦的大蛋糕。

　　我明白我们的力量很小，一块蛋糕，一张床，一个书包，一支铅笔，一个书，都没有办法让孩子瞬间变得富有。但是我们希望我们的爱，可以让孩子们感受温暖，幸福，快乐和被关爱。让孩子们懂得用感恩的心去面对生活，让孩子知道在这个世界上到处都充满着阳光。午餐可以简单，教室可以简陋，生活可以简朴，但孩子们的内心不可以冰冷，眼神不可以无助，希望不可以幻灭，所以我们将最真挚的情感，最炙热的内心，最真诚的爱播散进孩子们的心田。希望我们的爱可以在孩子们的心中埋下善良的种子，用爱灌溉，让孩子的内心变得温暖，强大，让他们将来能成为爱的使者，把他们曾经感受的爱传播到他们能到达的每个角落。

意外情况 收获意外

一次意外的阑尾手术，让我感受到了院校领导、同事们、老同学、好友们及家人的深切关怀，也意外地收获到了学生孩子们对一个老师的真爱。这种真挚的情愫与纯洁的大爱，只有亲历者，才能发自内心感受到。此事至今虽已过去很久，我心里却仍被这种大爱的情景萦绕着、激励着，总是感觉暖暖的。

那次手术纯属意外。我根本就没想到这事会发生在我头上，可却偏偏就发生在了我身上。当时，我的阶段教学目标被打乱了，心想总计划肯定会受到牵连的。幸亏，那次手术不算大，我的体质也比较好，加之医院现代化的高超医术和医德高尚的医生，让我从手术到重新回校上课，中间在医院只用了五天时间。

回想当时：那天下午五点左右，我在校偶感腹部很痛，就去附近医院检查，确诊是急性阑尾炎，得及时手术。就在我纳闷之际，一边打电话告诉了一位好友和家里人，一边就被推进了手术室。

在我再次清醒过来时，就已经躺在了病床上，听那位好友和家里人告诉我说，手术是全麻醉，医生只用了不长的时间就成功地结束了手术。给我做手术的医生还说了一句，幸亏及时入院检查并手术，否则后果不堪设想，因为当时阑尾已严重化脓。

手术后，我出于性格的原因，本来不愿让更多的人知晓。但由于住院既不能去上课，又需要向院校有关领导请假，我住院手术的消息不胫而走。

意外的是，在我躺在医院病床上的第二天大清早，我的手机铃声就叫醒了我，问候的电话几乎不断。我怕铃声影响了其他病友，索性将手机铃声改为震动；但来探望我的院校领导、同事和好友们却接踵而至；下午课后，班里来的学生孩子们又络绎不绝。

更让我没想到的是孩子们对我那种无微不至的问候、亲切的关怀。他们每个人的眼神，面部表情，言谈的语气和声调，每个手势，体现出的真爱无时无处不在。我的脑海，我的思维，以至我的整个人，整体都被一种难以言表的无限大爱充盈着，整个病房天天像集市一样，熙熙攘攘，挤满了看望我的人。同一病房的病友打趣说："还是当老师的好，关心的人就是多，真让人羡慕！"当时，我内心真的不由自主地感到很自豪，也为我的职业而感到骄傲。其实，在平时我是一个最反对"自我骄傲"的人。

就在手术后的第 5 天下午，我没经过医生的同意就偷着回去备了课，第 6 天就返回了讲台。我的出院手续是我托家里人几天后才补办的。后来，不了解我出院的好友，还往医院去看望；知道我出了院的人，抽下班时间就到我家去"坐坐"。

通过此次意外后大爱的收获，我深深悟到：人生有限，知爱，懂爱，就应该尽最大努力去做好本职工作，去感恩、回馈社会！

第九章　我与孩子们的书信往事

◇ 回家的路有多远？

◇ 竦实扬华

◇ 大学爱情的另一种结局

回家的路有多远？

都说只有步入大三、大四，大学生们才能真真领会到大学的真谛。我虽然一直与孩子们联系甚密，却也逃不开"人心隔肚皮"的尴尬，有时候越想了解他们，却偏偏得不到任何真实的反馈。毕竟是一群年轻气盛的孩子，逆反心理一直都存在着，就像是用手握住一把沙子，握得越紧，沙子反而流失得越快。与孩子们的交流也应该采取一些更加柔和、舒适的方式。

一次偶然的机会，我拜读了监狮于编著的《我们聊一聊——15 位名人给大学生的 34 封私人信件》一书，受到该书的启发，我也在电商班开启了"书信答疑"这一有趣的交流方式，鼓励孩子们将心中的疑惑告知与我，我则尽力为之解决。

与孩子们的来往书信一直被我保存至今，其中的疑惑与解答、浪漫与感动、分享与快乐，都成了我们彼此之间最美好的回忆。因此，我特意在此书中留下一定的篇幅，与大家分享我与孩子们的书信往事。

电商班的孩子一共 27 个，其中 7 个来自四川省内，其余的 20 人均来自省外。来自省外的这二十人中，大多数来自沿海城市，距离成都超过两千公里，只有一小部分来自云南、重庆这些离成都比较近的省市。若要问起当初孩子们选择成都的原因，那些离家数千里的孩子们给出的最多的答案是——离家远，自由啊！然而，在每一年的期末考试结束，孩子们要回家的时候，那些离家远的孩子便会羡慕起离家近的孩子："离家近就是好啊，想回家就回家，我都一年没有见过妈妈了。"

时间长了，孩子们开始质疑当初自己为了所谓的"自由"而离家很远的决定是否正确，开始想着，是不是应该在离家近一点的地方找工作？是不是应该考研回到家所在的城市？而这一次的决定似乎与高考之后的决定不一样了。

这一封信是我在孩子们大四那年的春节前收到的，来信的孩子是我曾经带过的一支比赛团队的队长，他比孩子们高一届，孩子们大四的时候他刚好毕业半年。当时，我在电商班开通"书信答疑"，有的孩子就将这件事发到了朋友圈里，他就是从电商班孩子的朋友圈里得知我的答疑邮箱。

这一篇书信问答，谈不上严格意义上的"答疑解惑"，却也是关于选择工作地点这一问题最好的解答。

苗苗老师：

　　展信佳！

　　老师，好久不见，不知道您还记得我吗？当初您带着我们参加比赛，一路从校赛杀进全国总决赛，回想当年的岁月真是令人怀念啊。现在已经毕业大半年了，也没有比赛项目向您汇报了，不知道您还愿不愿意听我的唠叨呢？

　　还记得去年大四找工作的时候，忙碌奔波了两个月，一收到心仪公司的 offer 便很快签订了三方协议，草草了结了一桩心事，却忽略了很多现实的问题。其实当初我拿到了好几份不错的 offer。其中有两份都是差不多的工作，公司实力也相差无几，但是一份工作地点在深圳，月薪 8000元，一份工作地点在成都，月薪 4500 元。不用说您也知道，我选择了离家远的那个。我是成都本地人，从小到大很少出远门，外面的世界对我的吸引力还是很大的，所以当时我几乎没有想过其他的就直接选择了深圳的工作。好男儿志在四方，我只记得我当初就是这样一个念头。

　　大三的暑假，我去上海实习了两个月，对于甚少出远门的我来说很是新奇。在上海的那段时间，最大的感觉就是城市与城市之间的差异，成都安逸而慵懒，上海则是紧张而又快节奏的生活。可能是我当时实习的那段生活太愉快了，以至于让我错判了形势，最后做出错误的选择。毕竟当时有表姐在身边照顾，衣食无忧，表姐在身边就是有相熟的亲人在身边，竟让我丝毫不觉得我已经离家好几千公里，也全然忘记"父母在，不远游"的古语。

　　现在，我毕业大半年了，算上实习期的话，我也在深圳的公司工作一年了。第一次离开家这么久、这么远，还真的是不太适应。

　　我每天的生活简直简单得不能再简单了。上班就去公司，下班便回公寓，每天来来去去见的都是那么几个人，休假在家就看剧、打游戏，也没有什么朋友打球、喝酒，偶尔有人约着吃个饭也是神经一直紧绷着放松不下来，毕竟不是熟人，谈不上什么朋友情分。

　　有时候会特别想家，但又觉得我能拿什么回家呢？深圳离成都一千多公里啊！想家的时候，我就老是趴在阳台上看着对面楼上亮着的窗户，盯着手机上爸妈的电话，眼泪都流出来了就是不敢打，生怕他们会觉得我在外面过得不好。在这世界上啊，只有面对着那两个人你永远也开不了口述说你的艰难，一个是爸爸，一个是妈妈。

不知道您听我唠叨了这么多是不是也烦了，晚饭时心情很差，所以一个人喝了些酒，现在感觉似乎有点醉了。对了，我还有最后一个问题想问您，今年春节我要回家吗？

我还有一句话必须要跟您说，苗苗老师，我从大二那年开始就跟着您一起做比赛，大学四年里我见您的次数比见自己的班导师还要多，谢谢您一直陪着我们，帮助我们将一个个LOW到爆的项目慢慢雕琢得如钻石般璀璨华丽。如今进了公司，什么事儿都得自己学、自己做，再想遇见一个像您这样的恩师是真的难。老师，谢谢您！

您的学生：×××

从未想过一位毕业后的学生还会在醉酒的时候想起曾经的比赛导师，感激她的陪伴，这是他们在毕业的时候都不曾表现过的深情。而这封信对我而言，也不仅仅是一封吐露心情、请求答疑解惑的信件，更多的是一个出门在外的游子，写给家人朋友的情书。

×××同学：

你好！

收到你的信件很是惊喜，从未想过一位毕业后的学生还会在醉酒的时候想起他曾经的比赛导师，特意来感激她的陪伴。其实，陪伴是相互的。你说，我陪你们度过了大学里大多数的时光；反过来，你们又何尝不是陪伴我度过了大学时光呢？

现在已经进入了2017年的毕业倒计时，就让我再来陪你一起度过吧！

曾经我陪着刚接触比赛的你，现在我陪着刚进入职场的你；曾经我陪着迷茫懵懂的你，现在我陪着坚强勇敢的你；曾经我陪着老是忘记给父母打电话的你，现在我陪着给父母打电话报喜不报忧的你。

你没有向爸爸妈妈报忧，这是正确的。当初他们初入社会的时候，也没有向你的爷爷奶奶、外公外婆报忧，就这么坚强地挺过来了，你也可以。现在，他们老了，头发白了、力气小了、皱纹多了，喜欢听你在外的时候跟他们说开心的话，那些让他们担忧的话，你可以跟朋友说说，跟宠物说说，跟苗苗老师说说，但是就千万不要跟他们说了。

你要相信，在这个城市不止你一个人在努力。在无数的城市有无数与你相似的人，他们在努力着、坚强着、挣扎着。他们像你一样，每每给爸妈打电话总是报喜不报忧；一个月工资总是分成无数份来花；每天下班回家都累得连洗澡都没力气；每当看着万家灯火时都会想家想得想哭。

你是这样，曾经一个人在外的苗苗老师也是这样，还有更多的不相识的他或者她都是这样。

但是如果太想家，你就回家好吗？你要记得，始终有人在千里之外日夜盼望着你回来。

你的老师：苗苗

竢实扬华

2016 年 12 月，一则关于西南交通大学最高奖项"竢实扬华奖章"的新闻在网络上传得沸沸扬扬。电商班的孩子作为交大的在校大四学生，自然也是从头至尾关注了整个事件的经过。在"竢实扬华奖章"事件平息之后，一则名为《北大教授：中国最好的大学在培养比贪官更可怕的人》的微信文章开始在孩子们的朋友圈疯传。就在这个时候，我的答疑信箱收到了一封来信，与我探讨大学教育。

信件摘录如下。

苗苗老师：

您好！

"答疑信箱"开放已经有好几个月了，相信您也已经收到了不少的来信。我就开门见山，直奔主题，向您讲一讲我最近的困惑。

前几天红极一时的"竢实扬华奖章"事件想必您已经听说了，事件中男主角的所作所为像极了我曾经看过的一篇文章中抨击的"精致的利益主义者"，当然男主角想必是不够"精致"，才落得了一个被全班举报的下场。后来事件持续发酵，最终关联了数位"竢实扬华奖章"获得者。

在这一事件的背后究竟有着怎样深层次的原因？而我们这些普通学生又应该从中学到些什么？如今的大学教育是否真的培养了很多"精致的利己主义者"？

我已经大四了，大学生活只剩下最后的半年。其实，我一直以来都不认为自己是一个成功的大学生，享受了我的大学生涯，相反，我有一种如网络段子中戏称的"被大学上了的感觉"。

初入大学之时，我一直认为大学便是做自己想做的事，读自己想读的书，去自己想去的地方，开拓自己的思维，启迪自己的心智，迸发思想的火花。然而真正上了大学之后发现，好像大学和自己想象中的样子差距很大。

交大一直号召培养"五有交大人"，即有社会担当和健全人格，有职业操守和专业才能，有人文情怀和科学素养，有历史眼光和全球视野，有创新精神和批判思维。但是我感觉，大学还是倾向于培养实用型、创新型、科技型的人才，在培养计划中增加了很多实用技能的培训与实践，却缺乏了对我们大学生心性的锤炼、性格的塑造以及品质的修正。您曾经教导我们学会做事之前要先学会做人，而现在的大学生大多执着于尽早地了解职场生活、体验工作经历，是否有些本末倒置？

所以，我很希望能够了解一些您对于这些现象的看法，并希望您给我一些实用的建议。

您的学生：×××

"精致的利己主义者"这一名词自被北大教授提出之后就一直处于舆论的中心，而"竑实扬华奖章"事件自爆发以来便一直受到社会的广泛关注。从事教师工作十几年的我，接触了很多形形色色的大学生，也聆听过很多他们关于大学教育的抱怨和疑惑，收到这样的一封信也是情理之中，我便用我自身的经历去开导这处于"迷茫"中的孩子。

×××同学：

你好！

古语有云，金无足赤，人无完人。大学教育的确存在一些不足之处。堂堂大学教育出所谓的"精致的利己主义者"自然也不是本意。其实对于大学生个人而言，最为关键的不是了解大学教育有没有什么问题、应不应该这样，而是应该了解作为身处其中的学生，你应该怎么做。

"竑实扬华奖章"事件的主角和"精致的利己主义者"非常相似。而造成"精致的利己主义"的原因，却是多方面的。家庭从小对孩子的溺爱是一方面，"唯分数论"的错误教育是一方面，社会唯利是图的不良风气也是一方面；而更为重要的是，孩子本身对于这种错误的行为却没有应该有的认知才是最致命的。

这些可笑又可悲的"利己主义者们"，他们不知道自己的所作所为正在伤了自己身边同学、老师的心，还在为自己得到的那一点点蝇头小利而沾沾自喜，却完全没有意识到自己失去的是同学、老师对他的信任，以及以后再次和大家一同做事的机会。就像钱理群教授不会再相信那位为了一份推荐信而认真听了他几堂课随后就消失不见的男生，"竑实扬华奖章"事件的主角，他以后的学术生涯也必将受到重大的影响。

所以你是想要眼前的利益还是大家的尊重与信任，这才是最应该想清楚、弄明白的。一个德行兼优的学生自然不会用一位老教授的信任去交换一份文书，也不会为了一点点利益而做出投机取巧、偷奸耍滑的小动作。

至于你的另一个问题，答案其实也是一样的。大学教育并不是为了教会你什么实际的本领，更多的是应该让你学会自律、自学和自立。大学生毕业之后面临的就是进入职场，所以掌握一定的职场经验无可厚非，但是一味地追求职场手段，却不知提升自己的能力和竞争力就是不应该的了。至于你说的，对于大学生心性的锤炼、性格的塑造以及品质的修正，这方面大学的确没办法从课堂的角度来教会大家，再说了，上课讲这些也只是纸上谈兵，毫无意义，但是生活总会从其他的途径来教会你。

一向不喜欢编程的你，却沉下心来看完了所有的教程，敲下了 5 千行代码，这既是自学也是对心性的锤炼；你拒绝了逛街的诱惑，留在图书馆看书，这既是自控也是助于性格的塑造；从来不会照顾自己的你，现在每天按时吃饭、早睡早起、身体健康、心情愉悦，这既是自立也是对品质的修正。

吴晓波先生在他的书里有过一段对于大学教育的阐述，我觉得非常有理，在此与你分享：再好的大学教育能够教给你的无非也就是"术"而已，如果大学不能给你，如果老师也不能给你，你大可以从其他渠道获得，问题仅仅在于你是否舍得投入，是否舍得付出。所以，当你感觉自己无法改变"大学教育的何去何从"时，你就只是决定自己的何去何从吧！

你的老师：苗苗

大学爱情的另一种结局

行文至此已经接近尾声了，——看过前文的朋友也许会发现，我写过孩子们大学生活的方方面面，学习、工作、社团、兼职、家庭、梦想……只有一样没有写过，就是孩子们的爱情。一来，我的确对孩子们的爱情了解甚少；二来，孩子们在爱情里遇见的情况千差万别，我很难讲出个所以然来。然而，在这里我却很想与广大的大学生情侣分享这个发生在我孩子们身上的故事，并希望所有相爱的人都终成眷属。

再说明一下，这孩子的这篇文章我并没有回复，我在看完邮件之后就第一时间打了电话给她。我们在电话的两头絮絮叨叨聊了将近两个小时，其中有接近一半的时间我在听她哭泣，另外一半时间我在听她说他们的故事。我也不记得我当时是如何安慰她的了，因为她当时的心情波动很大，说话没有什么条理，我的劝解也是杂乱无章的。所以在这一篇文章的后面没有我的回复，但我会将我的一些想法附在后面。

苗苗老师：

您好！

很快就是 2 月 14 号了，又到了一年一度的情人节。可能所有的节日都是有人欢喜有人愁的吧！在越来越接近这一天的日子里，我心里压抑的情感真实地让我感受到来自身体的疼痛。

人心真的是会疼的。

苗苗老师，他患有抑郁症您是知道的。他念高中的时候被诊断出抑郁症，直到现在快六年了。我们高一刚认识的时候，他的病情还算比较稳定，可是后来一直也是时好时坏的。现在，还有小半年我们大学都快要毕业了，我们在一起快六年的时光，六年啊！您说，他怎么就忍心抛下我？

去年快放寒假的时候，我就知道他的病情很不稳定。我知道，他的病因就是他的家庭，所以我劝他不要回家，让我陪他过年。但是他不肯，他执意要一个人回家。

他回家之后，我每天给他打电话，听见他好好的、心情棒棒的，我才会安心。有时候，他晚接一会儿电话我都会心惊胆战，我生怕他会一不小心伤害自己。结果呢？我这么关心他、挂念他、照顾他，换回的却是他自杀的消息。

我至今都无法接受他已经去世的事实。

我和他在一起多年，而他抑郁的历史更长。高二的时候，我陪他去看医生，一个人傻傻的在医生的诊室外面等他做完2000道心理测试题出来。那一次他被确诊为抑郁症中/晚期，他心情崩溃，在医院的男厕所里大哭，我就一直守在厕所外面等着他。

每一次他发病的时候，我就大大监督着他吃药，有时候新开的药物副作用很大，他总是吃不下饭，或者吃完饭就恶心呕吐，我就变着花样地给他做好吃的，吃不下就炖成汤、榨成汁给他喝；他心情一旦不好就整晚整晚地睡不着觉，我生怕他做出什么傻事儿就也不睡觉强打着精神陪他一整晚。

上了大学之后，他的病情稳定了一些，大三的时候他还自己开了一个小公司接一些活儿，挣一点儿钱就带我一起出去旅游；他是做数据挖掘的，《秒速五厘米》里面说人的一生会遇到约2920万人，两个人相爱的概率是0.000049。他利用自己所学，以60亿人口为准，忽略取向的异同和年龄，算出来真的和这个数字差不多。他说，就这么点儿几率我们居然都相爱了，他一定不会放弃我。我那么相信他。

可是，他还是走了。

在我千防万防、千叮咛万嘱咐、千呼万唤中，他还是走了。对啊，他没有放弃我，他只是放弃了他自己。

在他自杀的前几天，他打电话给我说要跟我分手。

当时，我就感觉应该是他的病情又反复了，所以才说出这样的话。我还跟他说，我最近几天都在外地的表姐家里，过几天回老家了就去找他。结果，还没等我回去，他的妈妈就打来电话告诉我他自杀的消息。

他走了，我的世界仿佛也坍塌了。苗苗老师，我要怎么办？

您的学生：×××

写信给我的女孩叫小艾，她的男朋友我曾经见过一次。那是大二的圣诞节，我邀请孩子们到我家来做客，他过来接她。男孩儿斯斯文文的，带个黑框眼镜，话不多，却很有礼貌。后来，小艾还特意问我对她男朋友印象怎么样？当时我还纳闷儿呢，还以为这女孩儿要让我给"把把关"，后来才知道，小艾只是想知道我是否看出了他的情绪有问题。那个时候，男孩儿的病情稳定，我就那么匆匆一面自然也没有看出他有抑郁症这回事儿。小艾还因为这件事儿高兴了好久，因为她觉得男友的情况有了好转。

在我知道的范围里，小艾和男友的关系是很好的。他们以前是高中同学，上大学之后两个人虽然不在同一个学校，却还是在同一个城市；虽然距离远了，但两个人依旧保持着紧密的联系。

一直以来，男友抑郁症的事情一点儿都没有瞒着小艾，他心里感到不舒服了，压力过大了，都会跟小艾说，小艾也不嫌烦，一直帮助他、安慰他、照顾他，希望总有一天他会好起来。小艾喜欢一个不知名的作家，小作家作品很少，男友就帮她满互联网找那个作家，终于找到了那个作家的一个不起眼的个人微信。男友开了个小公司，工作忙起来的时候，小艾就会过去当起免费的劳动力，一会儿帮美工 P 图，一会儿帮产品经理设计页面，一会儿帮大家带外卖。

这么一对恩爱的模范小情侣，这么好的男孩儿和女孩儿，人怎么就这样说没就没了呢？

小艾的爱情故事是我见过的最令人惊讶的爱情故事，既不是俗套的"毕业即分手"，也不是大学里常见的"快餐式爱情"，来得快去得也快。小艾的爱情，它缓缓地来了，将小艾和男友绑在一起，男友走了，爱情却还没有走。

我想，在这样的一段人生经历中，小艾是收获了爱情的。两个人从懵懂时便结伴而行，直到两人都成长成熟，却无奈因病痛而分开。我们所有人都应该感谢那些在生命中陪伴过我们的人，无论是亲人、朋友还是恋人。小艾应该感激男友多年的陪伴，那些两个人在一起的美好青春不应该因为男友的逝去而蒙上灰色。

而对于小艾的男友，我虽然不了解他，也不了解抑郁症患者，但是我相信那个男孩儿肯定为了小艾和病魔抗争了了很多年，他也想好好地活着，给小艾一个美好的未来。

在爱情里，两个人都朝着一个共同的目标去奋斗，在各自努力的同时，也帮助对方成为一个更加优秀的人，相互扶持，帮助彼此战胜生活中的困难、摆脱人生的险境。即使最后两人还是因为不得已的原因分开，但是这段共同努力奋斗的爱情值得珍惜。

后来，小艾将她的故事说给了那个她喜欢的小作家听，小作家在情人节的前一天在微信号里发了一篇文章《请你喝完这杯酒，然后去爱别人好吗？》，洋洋洒洒七八千字，讲述了小艾的爱情故事。那个小作家最后这样写道——

若埋泉下泥销骨，我寄人间雪满头。
尽管——
无人与我立黄昏，无人问我粥可温。
无人与我捻熄灯，无人共我书半生。
无人陪我夜已深，无人与我把酒分。
无人拭我相思泪，无人梦我与前尘。
无人陪我顾星辰，无人知我茶已冷。
无人听我诉衷肠，无人解我心头恨。
无人拘我言中泪，无人愁我独行路。
回首向来萧瑟处，无人等在灯火阑珊处。
但却——
晚霞与我立黄昏，行者问我粥可温。
流萤与我捻熄灯，青烛与我书半生。
寒月陪我夜已深，棋盘与我把酒分。
桂子拭我相思泪，海棠梦我与前尘。
长笛陪我顾星辰，霜叶知我茶已冷。
竹伞听我诉衷肠，薄雪解我心头恨。
春秋拘我言中泪，冬夏愁我独行路。
回首向来萧瑟处，无人等在灯火阑珊处。

无人是何故，青丝白发都做了土。

千斤红尘酒一壶。

　　　　——引自钱坤《请你喝完这杯酒，然后去爱别人好吗？》

这，大概就是小艾的爱情最好的结局。

第1章　那些从未说出口的动人情话

◇　老师想要幸福地黏着你们

◇　幸福就是常伴你们左右

◇　你们就是老师的亲儿子

◇　你们的需要就是我最坚实的动力

◇　你若安好，便是晴天

老师想要幸福地黏着你们

在大学生活中，常会听见有的同学抱怨说，"我爸天天都在唠叨我的学习"，"我妈总想窥探我的隐私"，"我舍友天天喊我陪她聊天"，"上铺的兄弟天天都在抒发自己的理想"……

与此同时，同学们对老师们也不无鉴评。诸如："我们班导师是谁？两年我就见过一次，根本不认识。""老师，下课就跑了，想问问题都找不到人。""还辅导员呢，连我的名字都记不住。""某某老师真差劲，没有专业水平，还总是牛气冲天，旁若无人，其实我感觉他是怕我们瞧不起他，内心真虚荣。"类似的评论，不绝于耳。

综观上面的种种抱怨，不难发现：对于父母，孩子们往往是抱怨关心太多毫无自由；而对于老师，则是抱怨关心得太少，而不是陪伴得太多。所以，在大学里，学生们毕竟还是孩子。作为老师，我们只要多拿出一点时间来跟孩子们交流与沟通，无论是专业的或非专业的都行，只要是进步的，那么就将收获意想不到的惊喜。

每一种关怀都无法被等同。不知道是不是把自己的地位说得太重要，或许这也只是我自己内心的感觉，但是我觉得学生们是需要老师的关怀的。

每一种挂念都无法被替代。老师心里的学生！

山里的风有你的孤单，一个人承担无止境的承担，我看见你孤军奋战，请相信我们承诺的陪伴；海里的浪有你的沮丧，一个人想望被遗忘的想望，我看见你孤舟巡航，请相信此刻彼此的身旁。

孩子的梦就是老师的初衷，来自山，来自海，来自山海之外；未来的梦一直在师生心中，会有风，会有雨，会有风雨过后，缤纷的彩虹。

莫忘初衷，我们师生有一个共同的梦，梦中有你有我牵着手，坚持希望迈步向前走；莫忘初衷，我们有一个共同的梦，梦中有你有我一起走，陪着孩子实现一个天使般的梦。

师生，多么美妙的词语！彼此能在茫茫人海相遇已经很不错了，更何况心还能时常相聚在一起呢！我很珍惜我和孩子们在一起的每一分每一秒。我不希望当大学四年结束时，我们班的孩子还会告诉别人说，"这个班导师从来都不管事"，"这个班导师上课一点都不负责"，我觉得这是身为一名教师的我的失败。很多时候，我愿意像朋友一样黏着你们，你们就像上帝派来的天使，一个一个都那么的与众不同，每当待在你们身边，我就会感觉到自己浑身上下充满了无限的正能量，这些都是我在其他地方无法领略、无法体验到的。或许你们会觉得老师很无厘头，竟然会有这种想法，但是这些确实是我的真情实感。

　　我的心很想永远幸福地黏着你们。

幸福就是常伴你们左右

我心里非常清楚，当孩子们走上"战场"的那一刻，我已经无法发挥我的作用，除了默默的陪伴和真心的祝福。我已经将所有可以传授给他们的知识、技巧、方法、规则倾囊相授。于是，我"放心"地走了。

我，一个人来到台湾，开始了自己的学习生活。

走之前的嘱咐语重心长，临行之前的挥手依依不舍。但是，他们还是坚定地说："老师，您放心学习，等待我们胜利的好消息吧。"我们师生之间，彼岸的相互通信，始终没有间断过。随着孩子们省级知识大赛的时间越来越近，他们的言语间，开始不经意地透露出"老师，有你在就好了"的讯号。

"老师，其他的队伍都有好多人陪伴，指导老师，带队老师，系主任……我们只有自己，您放心我们么？"

"老师，我们自己去会心慌的……"

"老师，我们自己去要是连场地都找不到怎么办？"

他们开始像小孩子一样撒娇。不为别的，只是为了我的陪伴，哪怕我只是默默地坐在他们身边，一言不发，也是他们的精神力量。因为陪伴是最长情的告白，他们对我的需要，证明了一种内心特别的相互在乎。

在乎的动力很非凡。于是，我在离比赛开始的短暂时间之前，从台湾买机票飞速回成都。当发给他们航班信息的时候，电话里听到他们欢呼雀跃的声音，我知道，在每个孩子心目中，老师是多么重要。我从他们身上感受到了一种被需要的感觉，很幸福，其实老师也想说一句：幸福就是常伴你们左右。

你们就是老师的亲儿子

"他们才是老师的亲儿子",第一次听到学生这样的评价,虽然不是对我,是他们对另外一位老师的评价。我明白,公平在每个孩子眼中都是那样的重要。也许,由于孩子们性格的差异,他们很多人,没有时时刻刻围绕在你的周围,但这并不表示他们不注重老师对各自的关心。他们从内心嫉妒被关心的学生,开始"怨恨"老师的"不公平"。

在他们的心灵世界里,话语表达总会无意之间流露出真情实感。所以,我感到很高兴的一点就是:他们很单纯,我很多时候不用去猜,就可以知道他们内心深处的想法。这也更让我知道该如何去对待他们。

"老师,您看他们的队伍好壮观啊!"

"老师,有的时候我觉得自己好孤单啊!"

"老师,虽然成绩不好,但是我是真的尽力了!"

虽然是只言片语,我却心领神会,长久的相处,我已经懂得了他们需要的是什么。作为班导师,我现在最怕的一件事就是别人说2013级电商班的任何不好。

"你们班×××不爱学习,整天泡网吧!"

"你们班×××这学期成绩好像不太理想哎!"

每当听到这些话,我总会理直气壮地与他们争论,因为在潜意识里,我已经把他们当成了自己的亲儿子。既然是我的孩子,又怎么能允许别人说三道四。当然,在背后的工作,旁观者也非常清楚。

在其他场合,我总是极尽溢美之词。别人是"情人眼里出西施",而我却是"家长眼中出完人"。这些话我从未告诉过亲爱的孩子们,但是孩子们会用第六感知道,"我就是老师的亲儿子"。

你们的需要就是我最坚实的动力

我真正开始走进学生的心灵生活是在 2011 年全国大学生电子商务
"创新，创意及创业"挑战赛期间。从准备比赛、选择题目、撰写策划书、
准备答辩到策划整个商业流程，让我有了跟孩子们朝夕相处的时间和机
会。也正是因为这样的朝夕相处，开启了我们之间的沟通平台。

"老师，我们读大学三年以来，跟我相处时间最长、陪伴我们最多的
老师，非您莫属。有您的陪伴，我们心里非常踏实。"

"老师，从进大学校门的那天开始，我们摆脱了高中班主任的窗户孔
偷看、课后盯梢、登门访问、家长访谈等心理压力，我们觉得终于可以
脱离老师的'魔掌'，自由地飞翔。但我们却又觉得没有了导航，没有了
方向，没有了支持，没有了后盾，我们开始变得不踏实，不确定，不安
稳，不知所措。同时，我们开始觉得，我们失去了老师的关爱。现在，
我们在大学校园里的主要生活，即我们跟老师的关系，变成了一个'课
程'，16 次的'见面'。课后，老师关电脑离开，我们背包走人，此后就
再无瓜葛。"

"老师，在这个学校里，根本就没有老师真正的关心过我们。"

一次又一次的交流过程，孩子们的这些话反复萦绕在我的脑海里，
深深地触动了我。我是爱你们的啊，我是爱我的每一个学生的。可是我
忘记了表达，忘记了沟通，最重要的是，我忘记了告诉孩子们，我是爱
你们的。

也就是在那个时刻，我开始幡然醒悟。原来冥冥之中，我已经将"成
为一名合格的大学老师"作为了自己的人生梦想。我给我自己一生的时
间，全心全意投入的一生，尽我所能付出的一生，去实现这个梦想。因
为我明白了一句话，也是我从未对你们说出口的一句话：孩子们！你们
的需要就是我最坚实的动力。

你若安好，便是晴天

时光如水，总是无言。我们所有人都一直在最深的红尘里辗转沉浮，唯一值得庆幸的就是，我们还能守住自己的内心，守住最初的萌动和欣喜。和我的孩子们一起度过的四年时光，是一段叫做光影流年的幸福时光，我曾经在无数次的午夜梦回，翻看那些曾经的旧人旧事，在梦里你们的每一个眼神、每一个微笑、每一句话语都好像发生在昨天，而时光仿佛是一眼静水，依然深流。

四年前，我看着你们兴冲冲地走进了校园。而四年后，我又目送你们离开这块热土。四年的时光，四年的感情，真的很难找到适当的语言，去描述个中滋味。看着毕业时的留影，你们一张张青春的脸庞在阳光下绽放着幸福的笑容，我的心中忽然涌出一种感触，对于毕业后各奔东西的你们，我最希望的就是看到你们平安、健康、快乐、成功。

平安、健康、快乐在前，只为我对你们的那份爱。目送你们离开交大，就如同一位母亲送别远行的子女一样，平安！就是我对你们最深的期盼；健康！就是我对你们最好的祝福；快乐！就是我对你们最真的希望。

依稀还记得，你们大三的时候，我曾给你们上过一门课，平时从来不会缺课的小宇，却忽然有一天跷了课，而同学们都不知道她去了哪里，直到第一节课结束的时候，才接到她打来的电话，说是在来上课的途中出了车祸，伤到了手臂，在医院安顿好之后才来得及告知大家。那天，我早早就结束了课程和孩子们一同去医院看她，X 光检查结果显示并不严重，只是有一点点骨裂，我一直悬着的心这才放了下来。

或许是和孩子们相处久了，习惯了你们活蹦乱跳的样子。忽然见着你们受了伤或者生了病，总是心疼不已；或许作为一名老师，见到你们刻苦学习、熬夜奋斗的样子，看着你们的黑眼圈，我总是希望你们能够缓解生活的压力，体会生活中的快乐。

祝福之中，成功在最后。这并不意味着我对你们没有信心，恰恰相反，在这竞争与机遇并存的时代，我绝对相信你们的心态以及能力，是完全能够取得成功的。你们一定会充分发挥自己的实力，由平凡的努力拼搏的积累，一步一步迈向成功。所以我丝毫不会觉得你们不会成功，我最怕的就是你们在取得成功的途中忘记平淡生活中的平安、健康和快乐。

　　推开一扇叫岁月的门，许多年华终于渐次搁浅。而你们，永远是旧照片、老电影里的光影，游走在梦与现实的边缘。若是时光锁住了葱茏的绿木，曳动了冷冷的素月清秋，那时，再蓦然回首，你们是否还会想起当年的老师，以及当年的同学们？

　　时光如惊鸿阑珊、流水东逝，或许我见不到你，但若你安好，便是晴天。

第十一章　老师，您听我说

◇ 老师，我们给您的爱是青色的
◇ 因为老师您，我的整个世界都亮了
◇ 有你在，我们并不孤单
◇ 遇见你是最美丽的意外

老师，我们给您的爱是青色的

如果说爱也分颜色，那么我们给苗老师的那一份爱，一定是青色的。爱之颜色，红色，过于热烈；粉色，太过轻浮；柳色，太容易牵扯出离别之殇；而墨色，又稍显沉闷；唯有青色，优雅高贵，清新可喜，正如我们对您拳拳的爱。

如果给老师的爱里带着绵绵的思念，青色便是眼前心头一抹葱翠的底色，并不张扬，却已述尽对相逢的期盼；如果给老师的爱里带着热烈的感恩，青色就是时光尽头一方古朴沉静的天地，慢慢地将情意融入生命的轮回。

大学伊始，当同学们还处于从高中到大学的过渡期时，便时刻享受着老师对孩子们的爱与呵护。老师当年的那份帮助、孩子们逐渐成长的欣喜，不仅仅老师能感受得到，同学们也同样感受得到。自从有了我们这些孩子们，老师小心翼翼地教导，不再像以前为了工作而风风火火，怕我们受到打击，失去信心；老师有意识地引导，不再像以前直截了当地指出问题或者指明途径，让我们独自去思考并决定未来的道路；老师每天都留意着我们，因为她知道，正值青春的我们总是有无限的纠结与烦恼。当我们的生命与老师的生命重叠，老师便为我们倾尽了所有的爱与关怀。

在我们深陷于迷茫中的那一天，上天用它美丽的画笔在我们与老师的生命里留下了重重的一笔。那一句句鼓励的话，那一个个赞赏的笑，注定将老师给学生的爱染成鲜艳的红色。那是一抹热烈的红色，一抹滚烫的红色，一抹浓烈的红色，不随时间的流逝而变淡变凉的红色。

当我们逐渐成长，也懂得了要感恩于老师的爱。于是，那一抹淡淡的青色，开始在我们的心底浮现。

懂得听老师的话、不要逃课，那是最初的一丝青色的痕迹；懂得体贴老师的辛苦，加班加点完成老师留下的任务，那是随后的青色的轻轻一笔；懂得要努力读书、好好工作、快乐生活，不辜负老师的期待，那是紧接着的青色泼墨；懂得要照顾好自己，常回学校看看，常常与老师联系，让老师放心，那是生命最后却也是最重要的一方青色天地。

对于老师，我们总是明白得太晚，苦了老师为我们不断地思索、等待、张望。那些所谓的美好的事物，都是在刹那之间成就永恒，而老师却用永恒去书写永恒，等待着我们，回报那一抹青色的爱。

　　老师，我们爱您！当我们抬头看见清月是您，低头看见树影是您，又何须在意那些本就无所谓存在的羞涩，而不敢对您说出我们的爱。那一抹生命中喜悦的青色啊，是我们对您最真诚深切的爱意。

因为老师您，我的整个世界都亮了

大学，在《大戴礼记·保傅》中是这样描述的："束发而就大学，学大艺焉，履大节焉。"从古至今，进入大学，似乎也就意味着我们已经步入成年，并且能够开始学习各种知识与技艺，成就大学之道。对于一名由农村考入大学的孩子而言，大学的意义更加不是仅限于此。

进入大学，是我第一次怀揣着梦想远离家乡，来到一个陌生的城市，独自去成长。我离开了那个小小的山村、小小的县城，见到了更为广阔的天地，也见到了更多的诱惑。而我，如同大多数迷茫的大学生一样，不知道大学四年我应该如何度过，不清楚四年之后我又应该何去何从。

"或许，我可以在大学之后继续学习。"那是当时的我，在面对进入社会工作的压力时，做出了这样的选择，读研。这的确是一条不错的道路，毕竟我来自农村，除了读书以外，并没有什么过人之处。那时的我，自卑、胆怯、没有信心，一心想着毕业之后考研，继续我的"求学之路"，或者说是"逃避之路"。

我一直迷茫地、没有目的地生活在大学生群体里，平凡而碌碌无为，直到大二上学期快要结束的时候，家里发生了一次变故。在那之后，家里的每一个人都变得沉默寡言，我能够体会到家里气氛的压抑，也懂得父亲母亲那欲言又止背后的无奈。

"爸，我决定毕业之后去工作，不读研了。"那是大二下学期开始的时候，我对父亲说出的话。当时父亲深深地看了我一眼，什么也没有说。自那之后，我主动结束了我的"逃避之路"，勇敢地开始了我的征途。

我开始做各种各样的兼职，尝试各种不同性质的工作，开始逃课。"反正又不保研，拿成绩来干吗？能过就行。"这就是我当时的心理状态。我以为兼职能够让我更快地适应职场，所以我将几乎所有的精力都放在上面，而最后的结果却让我大失所望。我逐渐明白，所谓的大学生兼职其实就是廉价劳动力的代名词，工资不高，事情却不少；需要技术的活儿不敢交给你，涉及公司核心的活儿，不会交给你；而你能做的就是帮忙打印东西和跑腿。

我的生活一度陷入黑暗之中，不知道如何去努力，不知道怎样去成长。就在这个时候，我忽然想起了那个温柔的班导师，我向她发去一封邮件，那是我最后可以尝试改变自己的方法。

就是因为我的那份邮件，苗老师给我打来了电话。当时，网吧里的游戏正吸引着我的注意力，一连五个电话，我全都没有接。直到第六个电话时，我才愤恨地拿起手机，也不看是谁就是一句："你烦不烦啊？我在打游戏！等会儿给你回电话！"便挂了手机，还关机扔在一旁，继续玩我的游戏。

那是我在网吧通宵的第三天，我花光了身上所有的钱，才从网吧里出来，距离老师打来电话已经过去了三个小时。我在学校里漫无目的地走了很久，直到夜晚来临，图书馆已经闭馆，我才想起那个电话来，便坐在图书馆门前的台阶上，拨通了老师的电话。

电话里说了什么，我已经不太记得了，我只记得我哭了很久。但最终，我明白了老师的那句话："逃避没有任何意义，要主动出击，改变不能接受的，接受不能改变的，才能活出意义。"

自那之后，老师会时不时地向我提供帮助，询问我最近的状况，并针对我的情况给出很多建议，而我也在老师的帮助下，一点一点又重新成长起来。我不再逃课去做那些没营养的兼职，开始在假期的时候认真地挑选实习；我不再沉溺于游戏世界逃避现实，开始一点一点补回落下的课程，提升自我能力；我也不再一天到晚怨天尤人，开始微笑着面对现实生活的所有挑战。

我在老师的引导下，一点一点找到了人生的方向，也一点一点摸索到了努力的方式，并最终顺利毕业，签到了自己理想中的工作。我明白，自己以后的路还是要自己去走，但老师您的确是划破我黑暗低谷的那一道光，照亮了我的整个世界。

有你在，我们并不孤单

孤单是什么？用网络上大家点赞最多的一句话来回答："孤单不是说你一个人独处就是孤单，而是当你身边围绕着一大堆朋友，却苦于没有知心人的寂寞。"

知心人，怎样的人又才算是我们大学生的知心人呢？同学？朋友？和同学或朋友在一起谈一谈空空的梦想，聊一聊遥远的爱情，这就是知心人了吗？不！还是老师，能够给我们帮助，克服成长路上的困难；能够给我们鼓励，激励我们不要放弃；能够教我们技能，应对未来的艰难。或许，老师和朋友的结合体，才是大学生心目中最佳的知心人呢？答案不言而喻。

大学四年，我们也见过了各种各样不同的老师，每每遇见那种总是喜欢在课堂上炫耀自己成就的老师时，我们总会觉得有些生厌。这样的老师总是给人感觉很遥远，似乎他们都是高高在上，而我们这些学生根本高攀不起。距离一旦产生，又何谈师生之间的亲密交流沟通。

而身边的同学朋友，虽是亲密，但是大家的心中都有着相同的孤单，而这种孤单，是从同龄人身上得不到缓解的。比如，或许我们很难对朋友说出我们未来的计划，但是却愿意和老师您分享，听您的意见；或许由于自尊心，我们很难向朋友寻求一些帮助，但是却愿意在老师您的面前敞开心扉。

苗老师，您是我们身边的老师里，最为平易近人的一个，最为关爱我们的一个。您虽为老师，却不谈自己取得的成就。只是在我们需要帮助的时候，提供及时而有效的建议；您虽为老师，却没有老师的架子，愿意听我们唠唠叨叨说些生活中的烦恼；您虽为老师，却给予了我们如朋友一般的亲切感，又如母亲一般的关爱。我们在学习的路上有您的陪伴，又怎会孤单？

进入大学来，第一个接触到的老师是您，离开大学时，最后一个送我们的老师还是您；愿意不厌其烦地为我们解决问题的老师是您，敢毫不留情面直接批评我们的老师也是您。我们去参加比赛时，有您的鼓励；我们举行团日活动时，有您的赞许；我们开班会时，有您谆谆的教诲；我们毕业时，有您不舍的眼泪。

大学，遇知心人如此，何谓孤单？

遇见你是最美丽的意外

《诗经·唐风·绸缪》中有这样一首诗：

> 绸缪束薪，三星在天。
> 今夕何夕，见此良人？
> 子兮子兮，如此良人何？
> 绸缪束刍，三星在隅。
> 今夕何夕，见此邂逅？
> 子兮子兮，如此邂逅何？
> 绸缪束楚，三星在户。
> 今夕何夕，见此粲者？
> 子兮子兮，如此粲者何？

《绸缪》本是描写新婚之夜的缠绵与喜悦，诗中借了"束薪"作象征，用"三星"作背景，描写了夜的过程，时光的流动，但新婚夫妇的缠绵却是那样深厚曲折。诗中借助内心的独白"今夕何夕""如此良人何"，真有道不完的情深意长和新婚之夜的憧憬和激动。

春秋时期的旧式婚姻都是父母之命、媒妁之言，红盖头里外的未知造就多少不幸的命运，而《绸缪》之中的这一对男女，显然是幸运的，因而才吟唱出来这样一首欢曲，让看到的人、听到的人都对生命中这种不期而遇有了美好的期待。

今夕何夕，见此良人。其实，我们与苗老师的相遇，也像极了《绸缪》中的那对男女，是一个妙不可言、喜不自胜的意外。所谓遇者，便是这般不期而会。不知何时何地，以何种方式，遇见冥冥中早已注定的那个人。世间的相遇都是神明的摄理、星命的佳会，当那个人不期然地来到你的面前，你要做的就是绽放出绝美的微笑，紧紧拉住她的手。

很显然，在和苗老师的这一场相遇中，我们师生彼此都紧紧地拉住了对方的手，将这一场美丽的意外延续至今，并将一直延续下去。

还记得苗老师曾经无数次对我们说过的一句话："孩子们，让我拉着你们的手一起走下去！"每一次听到这句话，我的心中都涌动着幸福与感动，我很庆幸自己遇到了这样一位温暖的老师，能够以一人之力，带动我们同学所有人奋力向前！虽然我没有真正意义上的牵老师的手，但是我却一直能够感受到老师手心的力量和温暖，并且能够在这样的支持下坚持着。

牵手是偶然中的必然，而相遇更是最最美丽的意外。老师总是说遇见我们是何等的幸运，而老师却不曾知道，在我们心目中，当年的初见就是一个美丽意外开始的序幕。

第十二章　那些人，那些景

◇ 人物篇
◇ 风景篇

人物篇

大四那年，毕业就在眼前，一直没有男朋友的小段却洋洋洒洒写下了一封长达数千字的情书发表在个人空间。所有人都以为她将一份暗恋隐藏了四年，直到读完整封信件才明白，这是在向电商班表白。情书中的每一个"你"都是电商班里独一无二的那个"你"。从大一到大四，从萌新到毕业，"我爱你，如同爱着当初的自己"。

征得小段的同意，现刊发全文：

遇见你、爱上你是世界上最快乐的事，无论我是多么的平凡，我总觉得对你的爱是独一无二的。

1. 开学那天，我们在迎新点第一次遇见，四目相对、微笑、握手，只一眼便惊艳了我的时光，温柔了我的岁月。那种感觉，就像两个流落失散的亲人，终于在岁月中遇见。（这是小段第一次见到室友的片段）

2. 在开班会做自我介绍的时候，我知道了你叫小雨，你的声音很温柔，而性子却是活脱脱的野蛮。你跟我是老乡，出门遇故知的欣喜让我沉醉其中，以至于没听见后面的漂亮女孩叫什么名字。我只是看着你，便觉着心情如窗外的阳光一般灿烂。（这是小段第一次在班上见到老乡的片段）

3. 在第一次逛校园的时候，我发现你很特别。我记得你叫小静，温柔宁静的性子一如你的名字。大家都在热闹地吵嚷着初见校园的欣喜，而你一个人静静地走在人群的最后面，阳光如水一般温柔地洒在你的脸上，江南水乡的温柔女子，的确和聒噪的成都女孩气质不同。

4. 发军训服的那天，你穿着白色条纹的POLO衫，黑色齐膝短裤，脚上一双红色的运动鞋，高高的，站在男生队伍的最前面，冲着后面穿碎花裙子的女生挥手："女生队伍在那边，你快点儿啊！"

5. "军训服的大小倒是无所谓，不过这鞋子一定要试一试。要是不合脚，那军训的时候可就痛苦了。"我一边念叨着，一边脱下脚上的鞋准备试试军训的鞋，这一幕刚好被你看见了，你双眼放光地大呼小叫："小段，你的五指袜子好可爱啊！"那个表情像极了我们后来经常用的那个表情包。

6. 军训的时候，你站在我的前面，我感觉这已经花掉了我那一年大半的运气，看着你萌萌的马尾辫，我总是管不住自己的手。青青的绿茵场上，金色的阳光下面，某一个小小的方队中间，后排的短发女生总是躲着教官的视线去揪前排女生的小辫子。这一幕成了我对于军训唯一的回忆。

7. 那是我们的第一节专业课，年轻帅气的市场营销老师有着独特的上课习惯，喜欢在课前邀请同学做五分钟的即兴演讲。第一次上课，大家都没有这样的准备，你在全班的呼声中从座位上站起来，慢慢走上讲台。一时间，教室里的 50 多双眼睛都看着你，你脸上挂着羞涩的笑容，在我们的注视下将那个古老的故事缓缓讲出。

8. 第一节体育课那天，你扎起了一直披散着的长发，穿上了从未见你穿过的天蓝色的 T 恤和运动裤，手里拿着一颗篮球。运球、控球、小跑步上篮，我从未见过一个女生将篮球打得这么漂亮。

9. 第一次开"卧谈会"的那天，晚上熄灯之后，四个女孩都在床上翻来覆去睡不着，你打开手机的手电筒，像是漆黑夜里的一只萤火虫。"我们来聊天吧！"于是，房间的四角都亮了起来，像是在海上亮起的四座灯塔在用温暖平静的光相互慰藉。

10. 第一次班级聚餐的时候，你身为班长，全班同学都在敬你的酒，幸亏你来自东北，一点点小酒根本不在话下。酒足饭饱之后我们去唱 K，一进包间你便抓住麦克风不松手，就是一个怕被人抢走了心爱的零食的孩子。一曲接一曲，从此你有了一个新的名字——K 歌之王。

11. 学院举办足球赛的时候要求所有班级必须出一支队伍参赛，女生们都知道咱们班男生足球踢得不好，有人就在群里调侃说："你们肯定一个球也进不了，比赛的时候我们就不去给你们加油啦，省得丢人。"最后的结果是五场积分赛下来我们班真的一个球也没进。最后一场比赛结束的时候，全班女生站在队员们的身边，笑着跟他说："别泄气！虽然你们一个球没进，但是我们全都来了啊！"

12. 大一的时候你告诉我，你爱上了一个女孩。你说，第一次见到她是在校园里的虹桥上，她顺着阳光的光线走过来微笑着的样子，让你呆滞了好半天。后来，你又在操场上碰见了她，你鼓起勇气去跟她说话，她在阳光下眯起眼睛对你笑的样子，是你最美丽的暗恋回忆。

13. 那是我第一次去图书馆，想找一本书却因为看不懂书籍上的编号一直找不到。就在我懊恼着准备离开的时候，你在书架的后面冲我打招呼，满脸微笑，露出一排白白的牙齿。你耐心地教我看书籍上的编号，教我怎样在偌大的图书馆中找到想要的那一本书。交大图书馆的编码规则直到现在我都记得。

14. 每一学期的考试周都是图书馆最拥挤的时候，交大流传着一句话——谁愿意在考试周替你在图书馆占个位置，那么他对你一定是真爱。如果将这句话应用到我们班，那么恭喜你即将收获真爱 27 位，因为我们每一个人都曾经在考试周的时候替同学占过位置。

15. 某一年的篮球赛，你在球场上奔驰，我们在球场边呐喊。你一个关键的三分球在最后的时刻扭转了战局，你激动得全场狂奔，还一一和身边的队员拥抱。生活委员慧慧给大家送完水之后刚好站在你的身边，你激动地抱住了她，最后你和她都羞红了脸。

16. 全班一起骑车远行的时候，敏敏不会骑自行车，你自告奋勇要载她，男生们便乱起哄说，你是不是喜欢上敏敏了。你说："敏敏又漂亮又可爱，谁不喜欢啊？我当然喜欢她，就像喜欢你们一样哦!"后来，我们才知道你喜欢敏敏大约就是从那个时候开始的。

17. 那天你心情不好，总是缠着我要我陪着你。你自己逃课来陪我上课，又哀求我逃掉选修课去陪你上课，我好不容易答应了，却又在去上课的路上被你拉去了电影院。那是一场专骗人眼泪的爱情片，你趴在我的肩头哭了好久。

18. 班导师是一位年轻漂亮的女老师，不仅人好，还经常帮我们答疑解惑。有一次我向她抱怨学校的教育，她对我说："抱怨是正值青春的典型表现，你还能抱怨说明你还很年轻。但是年轻人不应该老是抱怨，应该学着将生活过成自己想要的样子。"说完就是一记摸头杀，那时阳光正好，她笑得很温柔。

19. 我们第一次组团去旅游，我们欢欢喜喜去爬山，一路上看到了漂亮的山林、青翠的树海、洁白的云海。本来欢喜的一天，我却在下山的时候不小心崴了脚，你自告奋勇要背我下山，我却不好意思麻烦你，最后只能让大家搀扶着一瘸一拐地走下山。接下来的三天行程，我右边的拐杖是你，左边的拐杖是她。

20. 班里有一个文艺男青年喜欢写小说，却苦于在男生群里找不到知音，便把稿子发给我这个资深小说迷。我很喜欢他的作品，一直鼓励他坚持下去。后来，他顺利拿到了人生中的第一笔稿费，然后就在当天晚上请我吃饭全花完了，我还替他付了饮料的钱。

21. 你是班级里公认的"快递小王子"，自从女生从南区搬到北区之后，女生们在南区的快递几乎都交给了你。"小韩同学帮我取个快递吧！""没问题！"乐于助人到像你这样的，也是少见了。

22. 2014 年愚人节的某一个傍晚，我在教室里等待着上课，不想却接到你打来电话。你说，你骑车摔了。一开始，我还以为是愚人节的玩笑，结果差点把你急哭了。我急匆匆地从教室飞奔到你摔跤的地方，看见你可怜兮兮地坐在地上，衬衫上也满是灰尘，身边还倒着一辆被摔得七零八落的自行车。看见我来了，你才嘟着小嘴说："我没有开玩笑，是真的摔了，好疼。"

23. 大三的时候和你一起选了一个特别难的课程，每周的实验都成为一道要迈步过去的坎儿。还记得最后的一个综合实验，我和你讨论了好几天才终于想到了思路，在上交实验报告的前一天晚上熬夜跑数据。然而，寝室熄灯了、通宵自习室没有网，大冬天的两个女生骑着自行车南区、北区、教学楼跑了个遍，好不容易找到一个有网、有电的教室却还被工作人员赶出来。最后回寝室时候，我看见了你眼角的泪水。

24. 某一个周末的傍晚，我们一起在寝室楼下发现了一只脏兮兮的流浪狗，你非要把它带回寝室给它洗澡，我却一直担心那只小狗会不会咬你。但是，那小狗却一直很乖，乖乖地让你给他洗澡，乖乖地让你拿自己的梳子给它梳头。你说："这小狗像极了我家里的金毛。"你眼睛看着小狗，却不知不觉闪起泪花。我知道，你是想家了。

25. 大二的时候参加了学校的辩论赛，常常和队友讨论辩题讨论到深夜。有一次讨论得太晚了，结束的时候已经接近十二点了，我前脚刚刚出了讨论室，后脚就接到了室友的电话。"你还是在二教的讨论室吗？我们出来接你了。"寒冬的深夜，一个简短的电话却是如此的温暖人心。

26. 人三那年的十二月，我和所有考研的小伙伴一样，面临着最后的冲刺，压力几乎让我感觉喘不过气来。某一天晚上，我收到了你发来的短信，那是一首插科打诨、卖萌逗乐的打油诗。"人生若只如初见，何人没事去考研？"现在想起来还忍不住笑出了声。

27. 毕业季，分手季。你失恋之后请了一群好朋友陪你喝酒，你喝多了趴在酒桌上跟我们讲你和她的故事。你说，有一次你和她约好了去看电影，那一天你下课晚，下课的时候外面下起了倾盆大雨，她就拿着雨伞站在教室的走廊上等你。一边是外面的倾盆大雨，一边是她脸上的笑靥如花。你说，那时候是你们最相爱的时候。

28. 拍毕业照的时候，你挤开了我的三个室友非要站在我的身边，摆 Pose 也是各种不安分，不是拉我的衣角就是碰我的帽子。我愤愤地想要甩开你，你却说："我跟你学号相差最远，家乡相距最远，就连平时你也不喜欢搭理我，现在快毕业了，我想离你近点儿，不然没机会了。"其实我并不是不搭理你，只是你身边的人太多，我常常插不上话。

29. 小安和小夏是我们班上唯一的一对儿班级情侣，他们毕业离校的时候，我们全班都去送他们。小安紧紧地牵着小夏的手，转身对大伙说："你们看我牵着她像不像拉着一个行李箱？"小夏听了作势要打他，他却接着说："她啊，就是我这辈子最重要的行李了！这小妮子把一生的幸福都交给我了，她这么相信我，我就要让她知道她的选择是对的！"

30. 毕业了，我也即将要离开美丽的成都。只有即将离开的时候才会感觉到它的好，一首《成都》曾经听来毫无韵味，如今听来却让人泪眼汪汪。一个城市，一个班级，一段时光，当初不愿意来，现在舍不得走，这大概就是毕业的感觉了吧。

风景篇

临近毕业，我与孩子们召开了的最后一次班会，会上我让孩子们写下交大校园里最怀念的地方，27个人汇总了一份交大美景的画卷，让我感叹不已。我特意将这些美景用图片的形式记录下来，放在书里，希望孩子们多年以后还会记得这里是交大，这里有他们的青春，这里有他们的回忆。

1. 我还想回去看一眼我大一的时候住的那间寝室，自从搬走之前那里就变成了男生宿舍，想回也回不了了。

2. 大一的时候，一号楼背后的那座桥是黄色的，就是铁锈的那种颜色。后来，学校把它漆成了红色，就是海棠花的那种颜色。

3. 高中的时候，我们班教室外面种满了青翠的松柏，一年四季都是满目的翠绿。到了大学，松柏变成了玉兰，每年春天玉兰花开的时候，就是我常常上课走神的时候。

4. 一号教学楼最南边的那个楼梯上二楼拐角处的那块玻璃，不知道是被谁敲碎了，玻璃依旧完整却布满了裂纹，每每有阳光便银光闪闪，璀璨夺目。

5. 如果有机会我还想坐一次"小白"，让它载着我逛一逛校园。还记得有一年女生节的时候，"小白"上装饰了粉色的气球、粉色的丝带，竟有些美丽得不可思议。

6. 蓝桥旁边通往河边的岔路口处有一片小小的草坪，某一个学院青协在多年之前曾经在旁边的柳树上挂上了一个警示牌，上面写着：不要踩我。时间长了，字迹有些脱落，看起来像是"不要跃我"，让我误会了好多年。

7. 西一门进学校的那条马路两旁种满了银杏树，每年秋天银杏叶变黄的时候都有好多人在树下拍照。我最后悔的就是从未在哪里留下一张照片。

8. 南区体育场后面的篮球场，我经常和兄弟们一起在那里打球。后来，南区体育场修缮，我们便再也没有去过了。

9. 很小的时候就看过《堂吉诃德》那部小说，以至于每每看到体育馆旁边的堂吉诃德塑像，我都会想起看书的小时候。

10. 学校南门的火车头，从一个变成了三个，从三个变成了一座机车博物馆。但无论怎么变，都是西南交大最值得炫耀的一景。

11. 南区的室外羽毛球场旁边有一大片草坪，每年初夏草坪上都会开满白色的小花。微风一吹，花随风动，竟将相思也吹进了心里。

12. 每年十月的时候，我喜欢去南区的室外羽毛球场打球，因为球场上种满了桂花树，花开时节，花香四溢。

13. 我一直怀念四号教学楼的那些柱子，曾经有一个女孩在那里答应了我的表白。

14. 阳光下的虹桥，大约是交大最美丽的景色之一。每一个阳光灿烂的日子，虹桥都会成为所有交大人拍摄的风景。

15. 二号教学楼外面多出来的那个圆孔，我一直觉得这是一个很鸡肋的设计，雨天不挡雨，夏天不遮阳。直到有一天成都迎来了难得的好天气，天朗气清，惠风和畅，而那个圆孔中间的天空就像是被加了滤镜一般，格外湛蓝。

16. 学校东门的那条马路是看日落最美的地方，当太阳一点一点落在图书馆的背后，目之所及都是金黄的颜色。

17. 蓝桥旁边的一条小道可以通往小竹林背后的河边，春天的时候，河岸边上开满了黄色的小花，是一个幽静的好去处。

18. 八号教学楼外面的草坪是建筑学院和设计学院的同学做模型的地方，草坪上常常放满了形态各异、设计感十足的建筑模型，是校园里最精彩的地方。

19. 校园里的各处都充满了未知的惊喜，曾经又黑又丑的井盖变成了一幅又一幅可爱的卡通画，曾经单调无趣的水泥隔离墩也变成了一个又一个呆萌的卡通人物。

20. 浙园的湖水一直很清，湖里的三泉映月也一直很美。

21. 银色的 X 桥虽不像虹桥那般上镜，也不像蓝桥那般幽深隐秘，但桥上竖立着风格别致的路灯，桥下盛开着粉红的睡莲。

22. 水上图书馆一直是交大最美的一道风景，而我最爱的却是图书馆那条长长的实木回廊。我还想再走一次那回廊，数一数回廊上到底有多少根木头。

23. 学生南区二号生活服务区的中间过道上有一家卖粥的小摊儿，

出摊儿的是一位慈祥和蔼的老婆婆，老婆婆不仅粥煮得好喝，还喜欢跟大家讲故事。

24. 北区学生公寓楼下种满了醉芙蓉，是木芙蓉中最漂亮的一种。深秋时节，醉芙蓉盛开如菡萏展瓣，花初开时为纯白色，随后变成粉红色，最后变为深红色，花色一日三变，也称三醉芙蓉。

25. 站在图书馆顶楼眺望飞碟体育馆，是很多交大人都干过的旧事。

26. 北区鸿哲斋楼下的停车棚后面有一片种满鲜花的绿化带，每年秋天都会开满紫色的花朵。那是藏在车棚后面常常被人忽略了的美景。

27. 图书馆正对着一片空旷的广场，我曾经在图书馆的阶梯上度过了冰凉的一夜，然后看着太阳从东边的天边掠过国旗升上正空。

28. 校园最北边的围墙边上，种满了鲜红的玫瑰，每当玫瑰绽放，校内与校外就像是划开了一道鲜红的分界线。

29. 环绕校园的马路上沿途安装了广播，每天的中午和傍晚都会播放交大之声的广播节目。放学的时候，一出教室便刚好听见广播里在播放自己喜欢的音乐，这大约就是最最幸福的一刻了。

30. 南门是交大最老的一个校门，外面写着交通大学，里面写着唐山路矿学堂，正对着的是一块碑，上面写着——竢实扬华。

后记

四年的时光因为你们，格外美好

人生中有很多第一次是值得被记录的。

很大程度上，我是一个很感性的女老师，习惯用笔去记录下生命中那些精彩的瞬间，而这样的做法也伴随着我度过了四年的班导师生活。四年里，我把我们的故事用文字一一记录了下来，写成书，然后凝成我人生中不朽的回忆。

最初，我只是希望通过这种方式让自己在多年以后回忆起曾经的你们的时候，不光只有你们的脸和你们的名字，还有你们的一举一动、一颦一笑和一言一语。然而当回忆接近尾声，我更希望在你们离开西南交大的时候能够带着这些记忆，让它代替我陪伴着你们去闯荡这个世界。所以，我决定把它作为礼物送给 2013 级电商班我亲爱的每一个孩子。

很荣幸，我在教学工作上的付出让我得到了一个出书的机会，这一本书也是在这样的契机之下得以与大家见面。四年来对孩子们的付出让我心有所感、心有所悟，我清楚，我发出的声音不是为了一人之名，而是为了告诉我的学生们，交大的学生们，全中国的大学生们，所有的老师都在默默地关心你们、爱你们，只是在工作中我们忘了表达。中国人本就含蓄，我们也羞于开口表达，但是我们一直在用行动默默发声，在用无声耕耘默默表达对你们深切的爱。

大学里需要更多的重量级发声，我们需要传递出更多的爱给孩子们，能量越大，数量越多，孩子们才会越发坚定自己的信心，知道他们没有被抛弃，知道老师们一直都在他的身后默默地支持着。现在想想，这应该就是我站到讲台上的初衷，也是我们很多老师共同的初衷。即便我们素不相识，即便我们也许永远都没有机会见面，但我们都明白：孩子们的好未来，就是我们的初衷。

我的梦想，就是因为这样的初衷而出发。

在电商班的孩子们还未离开学校的时候，我就听从学校的安排又接收了五位低年级的同学，担任他们的专业导师。但是每每看到他们，我却老是想起曾经的你们。现在的他们遇到的问题，你们也曾经遇到过；你们曾经露出的表情，在他们的身上也得到了重现。在帮助新的孩子们适应大学生活的过程中，我总是会反省自己，当年的自己是否做得不够好，是否还可以给你们更多一点的帮助。每每想到这些，我就会觉得时间过得太快。而这样的小心思，却正是印证了那句话——恼人的不是岁月，而是情长。

四年的时光，说长不长，说短不短。纳兰容若的一首《采桑子》曾经这样写道."此情已自成追忆，零落鸳鸯。雨斜微凉，十一年前梦一场。"对我来说，与孩子们的感情虽然还没十一年这么久，但是四年的感情，也是值得我追忆成梦。

我曾经设想过如果我没有如此亲密地去关心过你们，而你们也如同对待那些一周见一次，上完课就走的老师一样对待我，那么如今的你我又会是怎样的？或许，我会是轻松的，毕竟没有那么多需要操心的事情，也没有那么多深夜打来的电话；但或许，我也会是不安的，虽然深夜的电话的确是扰人清梦，但是放任你们独自在烦恼中挣扎，我又怎能安心入眠？

如果不曾遇见你们，我的生活必然如同一潭深水，虽是平静不见波澜，但是未免过于单调，在讲台与桌案之间辗转，时光流逝却如飞鸟飞过，不留痕迹；遇见你们则是往深潭中掷下了一块大石头，平静不见，涟漪点点，水声清脆，色彩斑斓，在你们与工作之间流连，时光依旧流逝，却如同飞机从云层中穿过，在蓝天上留下长长的痕迹。

天上的白云形态各异，变化多端，却唯有那一道斜斜的飞机痕迹格外抢眼。那痕迹由近及远，由深变浅，一如和你们共同度过的时光在渐行渐远。我的天空因为你们的痕迹而格外明朗，四年的时光也因为你们而格外美丽。